U0047999

為什麼N型人比較容易成功？

成為未來型人才的31堂課
讓你職場出人頭地、人生無往不利的最強軟實力！

C O N T E N S

目錄

CHAPTER

05　N 型作戰　　　　　　　　——N 型人的養成

結語　**真 正 善 良 的 人**

現在是「完善人格」至上的時代

「 N 型 人 」 就 是 答 案 !

在韓國有句俗語說：「傑出的人分為三種：能力卓越者、博學多聞者、完美無缺者」。能力卓越者是指表現優秀的人，博學多聞者是學識豐富的人，完美無缺者則是指具備不凡品性的人。換言之，這三種類型當中最可靠的是「完美無缺者」，也就是具備不凡品性的人。

評價一個人的標準以「人格」為優先，這是從孔子時代便樹立的基準（孔子比耶穌還早 500 年出生）。雖然搬出孔子的名號來，但其實並不見得是從那個年代開始的，只是以此來比喻這個基準由來已久。

對於人格的重要性，不管強調幾次都不為過。企業過去在挑選員工時，著重的是學經歷，但是現在慢慢地又開始將重點放在「人格」。現今大企業的人事主管同聲高呼的正是「人格」。為什麼如此重視人格呢？原因很多，在他們口中

可以聽到像這樣的感嘆：「以為挑了一個學經歷不錯的員工很可靠，沒想到待不到一年就辭職不幹了」，或是「少了人格，空有能力，反而是一種危害」。總歸一句話，他們都了解到，倘若不具有良善人格，再華麗的學經歷或是過人的能力都是華而不實的東西。

人格之所以像這樣重新被重視，原因之一就在於，現在是一個迫切需求良善人格的時代。無須多做說明，大家應該都能想像。這個世界日益進步，而我們的人格素質似乎反而在退步。所謂的進步應該是變得更良善，但現在卻反其道而行。現代人的性格變得自私自利，已經到了暴戾的程度。每天都在上演的暴力社會事件不就是最好的證明嗎？現今的職場，不管是上下關係或同僚之間，也都經常發生過去根本不可能發生的狀況，反目、欺瞞和背信這種背叛行為比比皆是。人與人之間失去了倫常，可說是道德淪喪。美國的華爾街也是如此，倫理道德觀念的鬆散，被視為是促使金融風暴發生的重大原因。結果，人們重新開始意識到「人格」的重要性。關於判斷一個人為人的基準，古今中外似乎也都大同小異。

培養良善人格比訓練服務更為重要

另一個原因就是，一個良善的員工與客戶有著密切的關係。服務是一種競爭。大家都知道，現今幾乎所有的企業和組織都深陷激烈的服務競爭。就連向來心高氣傲、不向人

鞠躬哈腰的公務員也都要接受「顧客滿意度」（Customer satisfaction, CS）的員工訓練。韓國導入客戶滿意經營模式已經有四個半世紀之久。長久以來，用各式各樣的方法，致力於培訓有親和力且貫徹服務精神的員工。筆者觀察，韓國企業需求的職訓講師當中以此類占最多數，從此現象來看，可知情況的迫切性。就連筆者也不例外，以甫開始職場生活的新鮮人為對象，講述自我開發目標為題的寫作和演講，也是以這個領域為主（早在十幾年前，韓國尚未導入客戶滿意經營模式時，我就已經寫了《客戶應對》、《以服務決勝負》等著作並且舉辦演講活動）。

從推行服務相關的教育訓練以來，我感觸良多。不只是我，企業的員工訓練主管或客服負責人、客服領域的講師們都有一個共同的看法──為了服務人員的育成而持之以恆地落實教育訓練，這固然很重要，但是一開始就挑選出對客戶有親和力、具備良善性格的員工才是更實在的作法。

服務方面重視人格這一點，國外的公司也是一樣的，以卓越的服務與客戶滿意經營享譽國際的美國高級時裝零售公司「諾德斯特龍百貨公司」就是其中一家代表性的企業。他們的服務人員教育系統受到正面的評價，而他們在挑選服務人員的時候，會觀察是否具備客戶親和力，也就是說，他們只錄用具備良善人格的人。這個部分將於後續詳加說明。

不論是哪一個國家，儘管都知道要挑選具備良善人格的人，但是，等到真正開始服務性工作之後就會發現，即便性

格符合良善特質，但要克服殘酷的現實並不容易。雖然能夠學習到服務的技法和要領，但還是免不了要碰到瓶頸。因此，錄用之後還是要持續地強化人格教育。

　　並不是只有一般的上班族或服務人員需要強調人格特質。韓國足球國家代表隊的洪明甫教練在大韓足球協會（KFA）主辦的演講會上提到人格論而成爲話題。洪教練說：「具備良善的人格，是發展球員的價值和能力的要素。」他更快人快語的下了結論：「人格即是實力」。足球和人格？靠「身體」來競爭的體育運動提到「人格」，讓人忽然感覺到球場似乎成了神聖教堂。儘管如此，他會提到「人格」二字是有原因的。過去他在擔任青少年代表隊教練時期，有一次他注意到一個現象：在訓練營時，沒有一個選手向爲球隊辛苦準備飯菜的廚房阿姨說謝謝。當時洪教練就告誡球員們：「下次沒有向廚房阿姨說謝謝的人，我會請他退出球隊。」他比任何人都要重視人格。2014 年的世界盃足球賽，他因國家隊表現不佳而離職以示負責，實在叫人惋惜。

　　提倡人格重要性的人不在少數。以宣導人格教育和教師法聞名的趙璧（音譯）教授爲例，他認爲人格是全球化時代必備的人才三大條件之一，人格並非只是單純身爲一個人的性格，而是一種「讓人懂得做事的能力」。也就是說，人格本身就是一種能力，是一種實力。

　　「創意」是人才的核心力量，其根本也是源於人格。靈感或智商都不是一個人創造力的源頭。朴序源（音譯。韓國

廣告公司「Big Ant」創辦人，曾拍攝知名廣告《揮汗播種，必歡笑收割》，也是韓國第一個獲得全球五大廣告獎的創意總監）在著作《會思考的瘋子》裡談到，對於一個必須把創意發揮到極致的創作人來說，人格是首要條件，「假如要我從實力出眾的『優秀者』、具有過人領導力和號召力的『人上者』以及有著健全人格的『完善者』當中選一個，我會毫不考慮地選擇『完善者』。」道理在於，一個「完善的人」會努力讓自己成為「優秀的人」，最後必定會成為一個「人上人」。

前陣子綜藝節目《男人的資格》當中，具有獨特個人魅力和非凡領導力的音樂劇總監朴劍琳（Kolleen Park）所帶領的合唱團，掀起超高人氣且獲得熱烈迴響。

從諧星李敬揆到甚至是格鬥技選手，各式各樣的人都曾參加過這個節目的選秀。有一次，朴總監提到挑選合唱團團員的標準著實令人印象深刻。「比起具備優秀歌唱資質，能夠配合音準與節拍、努力和其他團員的聲音達到和諧，擁有這樣的『人格』特質是更重要的。」

或許有人認為，合唱團只要把歌唱好就行了，跟人格好不好有什麼關係。但仔細想一想，相信大家都會認同這段話的含意。作為合唱團的一員，懂得團隊合作是最重要的。朴總監想說的是，美麗的和聲仰賴每位團員發揮優秀實力才能達到和諧，團員之間的友情與信賴比任何事情都還要重要。

知名飯店主廚朴孝男（音譯。希爾頓飯店集團史上第

一位成為主廚的韓籍廚師，僅以中學畢業的學歷締造成功佳績，對於有志在料理界發展的人而言，他是活生生的傳奇）曾說：「料理就是人格」。學做料理之前要先具備良善的人格，這就是他的信念。

N型人就是答案

不論是哪一種職業、做任何一件事情，「人格」都是終極要因。

說到底，「爲人」還是重點，這裡說的「爲人」和「人格」是同義詞。身爲一個自我開發書的作家，我長久以來強調人格的重要性。我在前作《Multiership》中提到，一個優秀的人必須具備的七個條件當中，「人格」是最優先條件，在其他著作當中同樣也強調人格的重要性。

只是，人格究竟是什麼？如果有人問：「要怎麼做才能夠具備良善的人格？」你會怎麼回答？儘管大家同聲強調人格的重要性，只是，真的被問到這種問題的時候，很難明確說出一個所以然。於是，多數人總是以「性格好的人」或是「誠實的人」、「善良的人」等等模棱兩可的用詞來形容，或者只是隨口要別人「變成這樣的人」。有鑑於此，我認爲有必要深入研究人格的本質以及成爲「完善者」的方法，而這本書正是筆者努力的結果。

研究人格之餘，我苦思著應該要爲「人格良善的人」、

「完善者」設定一個適當的稱呼。但是，我發現，雖然闡明了人格的重要性，卻沒有一個「名稱」能夠明確指稱這樣的人。「命名」是構成嶄新理論的第一步。名稱並非單純只是一個「名詞」，而是在建立理論並且推衍邏輯上扮演著非常重要的角色。名稱的確立，能夠使研究的目標更為清楚鮮明。在投入長久的時間以及心力探究的結果，我將其命名為「N型人」。

或許大家會好奇為什麼要稱為「N型人」？這可不是我隨興命名的一個名稱，而是相當有根據的起名。不過，請讀者朋友們暫時只要先記得N型人就是「良善人格的人」、「品性值得信任的人」就行了（內文中偶爾也會以「N型人才」來表示）。

現在就請各位和我一起開始探索N型人吧！即將畢業準備就業的大學生、已經成功就業的社會新鮮人，以及歷經各種嚴苛考驗而成為主管的人，都必須成為N型人。這才是符合時代需求的人才類型，邁向成為「完善者」的方向。同時，不論是公司還是組職，希望都能夠藉由給予員工最大的支援並培育他們成為N型人，成為在激烈生存競爭中勝出的剛強的企業、剛強的組織。

現在讓我們進入本文一探究竟，邁向N型人！

寫於 2014 年秋天

趙寬一

第
一
章

關 於 人 格

N 型 人 的 誕 生

N

你的人格是否沒問題？
雖然能力出衆，卻因爲人格因素，
在社會上經常遭遇失敗嗎？
問題不在於別人，而在你自己。

最近，關於人格[01]（除非特別加以說明，文中舉凡提到品性、人品、個性等用詞的意義皆與「人格」相同）的議題十分「流行」，可說是反映出現今社會的不正當與混亂。不只是在徵選員工的時候，在已經錄用的新進員工或是既有的員工身上，很多公司都致力於透過教育訓練來培育出「完善者」。業務能力固然重要，但是從現實情況中，企業主都體認到人格是所有能力的基本。所以，會安排員工到社福單位去照顧長輩或是幫忙打掃、設備維修、協助建屋等志工活動。這都是基於希望員工透過這些志工活動，了解到自己的處境比別人好，建立起自我肯定的心態，感受到幸福後能夠提升自身的人格。

公司組織會這麼做很正常，不過，就連大學的入學考試也會審查人格。醫學院是其中最為代表性的例子，有一種稱為「多站迷你面試方法」（Multiple Mini-Interview, MMI）的徵選機制，是驗證基本人格的一種方法。念醫學院要評估人格？理由很簡單，除了頭腦聰明，也要有一顆溫暖的心才能勝任醫務工作。前陣子有個在大學數學測試中得高分的學生就因為這個項目不合格而落榜了。

好，現在輪到你檢視自己了。你呢？你的人格是否沒問題？雖然能力出眾，卻因為人格因素，在社會上經常遭遇失敗嗎？問題不在於別人，而在你自己。

接著要正式進入本文，和大家一起來探究人格了，目標是改變你自己。

我要把你變成 N 型人，請記住這個目標開始進行吧。

01

關於人格、性格、品性的意義，可能會依據研究者或是學問領域有不同的解釋，不過，無須刻意區隔開來。「人格」是較為廣泛、抽象的概念，在字典中解釋為「個人的品性」，含意與「個性」相通，意指一個人的「氣質」、「人格」、「人品」、「為人」等，亦用於指一個人與生俱來的心性。

01

關於人格

找 出 「 人 格 」 的 基 準

　　從很久以前，我就對於人格的探討有著濃厚的興趣，在我開始研究「親切服務」的時候開始，便特別關心這方面的議題。

　　我之所以會成為一個作家，是由於從前在工作上每天都要面對客戶。我在綜合金融機關的農協中央會工作了 35 年，有一天我突然有了一個疑問：「在同樣困難的條件之下，為什麼有人能夠對客戶保持和善親切的態度，相反的，有人卻做不到，為什麼會有這種差異？」或許，關於「親切與服務」這個議題上，這是最重要的課題。只要能夠找出箇中原因，應該就可以更加提升教育訓練的效率。

　　其中的差異到底是什麼？會產生差異的原因又是什麼？雖然一直有這樣的疑問但我並沒有深入鑽研，我先以「人格、

品性、個性的差異」做了簡單的結論。之後，我開始專注研究能夠和善親切對待客戶的直接性「行動」和「技法」。只不過，長久以來有關人格的疑問在一直無法得出明確結論的情況之下，就這麼潛伏在我的腦海裡，總是在受到某種「刺激」的時候就又突然浮現。例如像是以下這些情況。

長久以來的疑問──他們具備了什麼樣的品性？

有次跟朋友到某一家餐廳吃晚餐。那是一家相當有規模的大餐廳，不但座無虛席，有十幾個服務生在忙著送菜或是為客人點餐。負責我們這一桌的服務生是一個看起來年約20多歲的漂亮女孩。我發現她是一個很稱職的服務人員。用餐途中我們屢次把她找來處理餐點上的事，她從頭到尾都以和善親切的態度為我們處理問題。我們一行人當中有個朋友個性古怪，同一個餐點反覆點了很多次、餐點的料理上要求特別、百般刁難，但是這位女服務生卻是始終面帶笑容，盡力配合朋友所有怪異的要求。

因為朋友實在是要求太多了，連坐在一旁的我都覺得很不好意思，於是對女服務生說了句：「不好意思」，只見她一臉正經並且很有活力地回應我說：「您千萬別這麼說。不用客氣，有什麼服務不周的地方請儘管告訴我。」當時已經在寫書和演講的我，基於職業的本能反應，仔細觀察了她的言行舉止，發現這位女服務生確實不同於餐廳裡其他的服務

生。簡單的說，她是一個天生的服務人員，展現了過人的品性。我想，她的薪水應該不多。除了身體的勞累，還得經常應付那些討厭、挑剔、噁心又小氣的客人，忍受極大的情緒壓力。儘管如此，她卻表現了工作上全力以赴的身影。就像前面說的一樣，當我遇到這種情形的時候，腦海裡長久以來的「疑問」就會又冒出頭來。

「是什麼讓這個人展現如此與眾不同的行為、親切的言行？」、「時下有那麼多年輕人擁有令人稱羨的工作都還不見得知足，是什麼樣的品性讓她在承受高度壓力的同時，還能夠盡心盡力的工作？」內心冒出諸如此類的疑問。

不只是遇到像這種服務生的時候，我有很多類似的經驗。有時候是在銀行，有時候是在百貨公司或市場，有時候是搭計程車的時候，甚至於是走在路上也都遇過這種情形。每一次我總會想起那些未能解決的疑問，並且深入思考「人格」。然後，我都會暗自下定決心告訴自己：「總有一天我要找出人格的基準，好好地分析。」

直到某一天。正確的說，是 2014 年 1 月的時候，我在星巴克遇到一個親切又活力充沛的店員，當天晚上跟家人一起到餐廳用餐時，我把放在心底很久的疑問提出來請家人給點意見。

「今天下午，我在星巴克遇到一個很棒的女店員哦，感覺很開朗活潑又親切，讓人覺得很不可思議。有人說韓國人是全世界最難侍候的客人，在這種吃力不討好的條件之下，

能夠笑臉迎人，充滿活力地工作並不容易。從很久以前我就在觀察這類人，想要了解是什麼樣的因素讓他們有那樣的工作態度，我覺得關鍵應該是一個人的為人，也就是人格吧。服務人員當然不在話下，在職場上評價一個人最常講的是『為人不錯』、『品性很好』，但是如果要在大家都耳熟能詳的名人當中挑一個可作為『人格範本』的人，會是誰呢？」

其實，我在說這段話的時候並沒有抱太大的期待，只是隨興地說出來，並不是很認真要得到解答，當作吃飯時開聊的話題，隨口透露了一下我自己思考以久的「疑問」而已。以我多年來寫書和演講的經驗，我可以輕易就能想到具備優秀創造力或業務能力的代表人物，但是在人格方面卻沒有這樣的例子，所以才在用餐時隨口提起（其實是認為：我自己已經想那麼久都沒能找到答案，家人怎麼可能想得到）。

你也不妨試著想想。有誰是「最佳人格」的表率？我指的並不是你身邊熟識的人，例如同學或鄰居，而是從眾所皆知的名人當中選一個。拿破崙或是希特勒就不太可能了，那麼，達文西或愛因斯坦呢？雖然他們確實是舉世聞名的天才，但若要說是最佳人格的表率似乎也不見得。聖雄甘地雖然是大家熟知的英雄，然而他那高貴的信念雖然很偉大，但是這跟我們能力所及的「商務人格」好像又太遙遠了些。那，賈伯斯或是南丁格爾呢？也不見得。如果你看過電影《賈伯斯》，就會知道他並不是一個好相處的人。另外還有德蘭修女和最近引領全球人氣的方濟各教宗，只不過，要求上班族

具備像他們這般的聖者人格，恐怕難度太高了。

那麼，我們究竟要推選誰作為最佳人格的代表？

我才剛把話說完，身旁的人好像早就準備好要回答我似的搶先開口，那是我的太太。我感到很驚訝，可說是完全出乎我預料的「突發狀況」。因為我本來沒想到要問身為專職家庭主婦的內人，我其實是在問一個月前剛從國外留學歸國回來的兒子。

我想，他在國外念書期間或許也遇過類似的例子，所以有點期待想要聽聽看他怎麼說。

「安妮就是很好的例子啊，紅髮安妮是最佳人選哦。」

這是什麼風馬牛不相及的回答啊？內人年輕的時候是醫護人員，所以理所當然應該會舉出在韓國醫界素有「聖山」稱號的張起呂醫師（品格崇高、受人敬重的張醫師足稱人格表率，但對年輕人來說應該很陌生）或是南丁格爾才合理，可是她卻突然沒頭沒腦地說是紅髮安妮！在我還沒來得及對內人的回答作出反應之前，一旁的兒子搶先附和。他睜大了眼睛，發出近乎歡呼聲般的大聲讚嘆。

「哇！沒錯，就是那個安妮！」兒子的歡呼與其說是認為這是絕妙的答案，倒比較像是在讚嘆他「老媽」居然能夠想得到這樣的答案。

我坐在一旁，覺得丈二金剛摸不著頭腦。內人跟兒子兩人之間似乎有個共同的答案，但是我卻完全不明白為什麼是「安妮」。我年輕時，也就是兒子還很小的時候，記得電視

曾經播放過紅髮安妮的卡通，我只知道那是給小孩子看的，並不清楚具體的故事內容，所以只能坐在一旁納悶不已。

「我覺得安妮是很符合爸爸條件的人物哦！」

兒子像是要為內人的「解答」全力護航似地補上這一句。

終於找到答案

好，先檢視一下整個情況。為什麼內人會毫不遲疑地舉出虛擬人物的名字來回答？還有，兒子又為什麼會那麼篤定的附和這個答案？原因很簡單。我總是很晚才下班回家也不常看卡通，但是專職家管的內人會陪著孩子一起看。於是，內人和兒子兩人之間自然也就比較容易對事情有著共同的看法。

「安妮真的值得你研究。她是一個被人收養到家裡當幫傭的孤兒，個性爽朗、善良又總是充滿了活力，是一個很難叫人不喜歡的女孩子。對你來說是再適合不過的最佳人格範本了。」

得到兒子的聲援和「掛保證」，內人興奮不已地又補充說明，似乎回想起兒子的童年時期，興致勃勃地描述一些情節給我聽。聽著內人比手劃腳描述的故事，我的腦子裡第一個閃現的念頭是「這是一個善良的少女戰勝逆境的故事」。如果是這樣，那麼我就沒有必要非要找個老外的例子。韓國經典童話故事《大豆紅豆傳》裡心地善良的女主角「大豆」

也是代表性的人物。

「那，你們覺得大豆怎麼樣呢？」

內人立刻不滿的語氣反駁我。

「安妮跟大豆是完全不同的典型耶。大豆只是一個受到壞心眼繼母虐待卻逆來順受、像天使一樣乖巧的女孩子；安妮才是你想要找的典型。我不管你是去找書來看還是去看卡通，你一定要好好看過安妮的故事。」

內人馬上又接著提出幾個不同之處來證明安妮和大豆[02]是完全不一樣的典型。這天我完全無用武之地，因為完全不懂故事的內容。不過，也無所謂。長久以來的疑問，終於開始有一點頭緒了。當內人的講解在我的腦子裡越來越有具體的架構，兒子也一臉興奮地跟著附和之下，我有一種豁然開朗的感覺，像是終於找到一直想不出來的解答。已屆中年的內人毫不猶豫脫口而出的這個答案，連年輕一輩的兒子也欣然認同，這樣的人物，我想應該足以成為所有人的「主角」。這天，我如此定義了尋求已久的答案。儘管，她只是一個小說裡的女主角（事後分析才發現，反倒因為是虛擬人物，所以更適合當作人格的典範）。

02

說到紅髮安妮，不免讓人聯想到《大豆紅豆傳》或《灰姑娘》等經典故事。不過，像《大豆紅豆傳》的故事情節（講述壞繼母和善良繼女的故事）是世界各國都有的經典童話故事，這些故事的主角和紅髮安妮是完全不同的類型。不管是大豆或是灰姑娘，充其量只是擁有善良、與世無爭的個性（以現代人的看法，善良到簡直像個傻瓜），而安妮不僅具備善良這個基本條件，更具備敢做敢當且忠於自我的直爽個性。因此，足以做為「人格」的典範。

02

「N 型人」的誕生

為 什 麼 是 「 N 型 人 」 ？

　　我想，各位應該已經看出來，為什麼會有「N型人」這個用語的誕生了。所以，我也不要拐彎抹角直接說結論吧。「N型人」就來自於「紅髮安妮」。當內人和兒子向我極力推薦「安妮」就是人格典範的時候，突然閃現我腦海裡的就是這個名詞。

　　「沒錯，就是 N 型人！」

　　當時內心震撼到我差一點叫出聲，證明我是真的渴求這個答案太久了。N 型人！就是這個沒錯。偶爾我不禁感謝我的腦袋，總是適時地為我想出這種絕妙的用詞。自賣自誇！過去我的確發明過不少新造詞，有好幾個也都申請了專利，「Multiership」是其中代表性的例子。所謂的創意，通常都是在百般苦惱之下，突然靈光一閃。只是，為什麼我不把它

稱為「安妮人格」而是「N型人」呢？現在就為各位說明。

在與家人討論出結果的兩天後，我跟內人到永登浦時代廣場的大型書店買了一本《清秀佳人》。書腰上面寫著：「100 Years of Anne」。這本小說是加拿大女作家露西·莫德·蒙哥馬利（Lucy Maud Montgomery）在1908年所寫，雖然已經過了100年，至今仍然被擺放在書店裡醒目的位置。步出書店，我們走向位於同棟建築內的電影館，突然內人興奮的大叫出聲。

「嘿，那裡有一個安妮耶！」

什麼？怎麼可能？我望向她指的方向，那是一家專賣蝴蝶餅、名為「Auntie Anne's」[03] 的店。內人是個不太接觸世事的家庭主婦，但偶爾會像這樣出現驚人之舉。我在前作《Mental rehearsal》的後記中提到，完成那本書的過程中，內人提供了我絕妙的「題材」，當時我就已經想好要用來寫這本書。

世事就是這麼微妙。其實，我跟內人偶爾會去那家店買蝴蝶餅帶去看電影。在這之前我「完全」不曾留意過店名，卻在開始研究安妮這號人物之後，注意到從前漠不關心的店名。當我終於找到煩惱已久的問題解答的線索，關於人格的各種想法就像湧泉一樣的冒出來，也開始注意到身邊許多相關的資訊。

遇見安妮

在那之後，我進入了安妮的世界裡。既然內人和兒子在聽到我對「人格」的疑問時，不假思索地立刻聯想到安妮，想必是有非常充足的理由吧。而且，當腦海裡冷不防出現「N型人」這個詞的時候，我直覺到一個新天地即將在我的生活裡展開。據說阿基米得在苦思國王給他的難題時，突然靈光乍現，忘記自己正在洗澡就光著身子興奮地跑出家門，大叫著：「Eureka（找到了）！」，那個聲音也在我的心底迴盪不已。

我一面分析著安妮究竟是哪一類的人格，一面仔細地閱讀。有生以來第一次像在念論文似的，深怕錯過一字一句，聚精會神地看一本小說。雖然我完全感受不到這本小說哪裡有趣，但是每每發現與人格有關的絕妙句子時，我都深深地樂在其中。慢慢地，我開始看見「N型人」的實際形象。讀著故事的同時，也越來越覺得家人給我的這個推薦實在是妙極了。

他們選擇安妮這號人物是對的。那麼，她是一個什麼樣的少女、是哪一種人呢？在此為不熟悉安妮這號人物的人簡單做個說明。

《清秀佳人》的原文書名是「*Anne of Green Gables*」，直譯意思大概是「綠色屋頂之家的安妮」（「Gables」是指西式住宅三角屋簷與窗戶之間的三角牆）。這本書在全世界

100 多個國家出版，總銷售量超過 1 億本以上。至今仍然深受許多人喜愛的這本小說，當年其實差一點就無法面世。作者露西‧莫德‧蒙哥馬利是 1904 年的春天、在她 30 歲的時候開始撰寫這本書，雖然隔年 10 月便完稿，卻沒有任何一家出版社願意出版。事隔多年後，她偶然地在自家閣樓看到原稿，於是再次鼓起勇氣寄給美國波士頓的一家出版社。當時這家出版社支付的版稅僅僅只有 500 美金，而「安妮」就在這樣的情況下終於面世了。

在不被看好的情況下出版後，卻意外受到熱烈迴響。出版僅 5 個月就已經賣出 2 萬本以上，在當時這是非常驚人的銷量，讓她從此躋身知名作家之列。處女作在全球掀起一陣旋風，作者緊接著發表《安妮的青春》（*Anne of Avonlea*）等後續作品，一生僅以這個主角完成了多本小說。在那之後作者又繼續完成了描寫安妮的少女時期、中年時期以及晚年時期的一系列故事。她在 1942 年 4 月 24 日逝世，之後她的兒子整理出她的手稿並且加以發表。

1979 年日本著名動畫導演高畑勳製作了共 50 集的動畫《紅髮安妮》，KBS 電視台買下版權，於 1986 年在韓國播出。每次只要一到播放時段，很多小孩都會急忙趕回家（就連我的兒子也不例外），端坐電視機前屏息等待，可見這部卡通受歡迎的程度。

我還在撰寫這本書的時候（2014 年 4 月），聽聞將會推出電影版《清秀佳人：永不結束的故事》。如同片名，這真

是一個永遠都不會結束的故事。

　　關於小說就先談到這裡，我著眼的重點在於安妮是一個什麼樣的人。她的人格、品性、爲人處事才是我關心的部分。故事主角是一個 11 歲的孤兒安妮・雪莉（Anne Shirley）。父母因病過世後，她流轉於收養家庭當幫傭，最後被帶到孤兒院，在一次偶然機緣下，陰錯陽差地被綠色屋頂之家的卡修柏兄妹領養。光是這一點就不難明白，她是一個身處極爲惡劣環境的少女。卡修柏兄妹原本想要領養的是可以幫忙務農的男孩子，卻因爲介紹過程中出錯而領養了安妮。在被領養之前，總是吃不飽穿不暖而骨瘦如柴、不被關愛。貧窮且受人歧視的安妮有著以下的特質。

　　慧黠的眼睛和清脆悅耳的嗓音；
　　生性聒噪但卻有個「不平凡的靈魂」；
　　偶爾行為很脫線，但個性正直誠實、活潑開朗；
　　勇於表達感情卻又帶點羞澀，充滿熱情和正義感；
　　喜歡人群並且懂得包容與關愛他人；
　　對於養育自己的人擁有堅定的情義和忠心；
　　即便在困境中也會保持正面思考，用她那豐富的想像力編織美麗的世界。

　　她的善良以及直爽的個性，不但擄獲了卡修柏兄妹的心，更是集周遭人們的喜愛和人氣於一身。這本書便是描述

安妮成長過程的故事。

　　從她的「語錄」便不難了解到她是何種人格。寫下《湯姆歷險記》的美國作家馬克·吐溫（Mark Twain）與英國第一位諾貝爾獎得主《森林王子》一書作者魯德亞德·吉卜林（Rudyard Kipling）都讚美安妮是「世界文學史上少有、一個令人感動、可愛又惹人憐愛的少女」，正是說明她人格的最好解釋。

　　俗話說：「只有在面臨困境的時候，才能顯現出一個人的爲人。」這裡指的困境是指人在身處苦難、遭遇不幸的時候，又或是被逼到死角或失去一切的時候。這種時候，會原原本本的表現出這個人的人格。安妮正是處在這種困境之中，她的人生充滿著苦難，也正因爲她身處這樣的「苦難」，我們才會從她的言語和行爲當中感受到非凡的品性。打從內心流露的卓越品性，帶給人們深深感動。我想，也正因爲如此，這本書才能夠長久以來深受世界各地讀者的喜愛。爲了更深入了解她的爲人，以下列舉幾段她在小說中精彩的語錄，與各位一起分享她是一位什麼樣的少女。

　　「你不覺得那些未知的事情很令人興奮嗎？只要想到這些，我都會感到活著是一件非常令人開心的事情！這是一個多麼有趣的世界啊。如果我們已經什麼都知道，那麼活著的樂趣肯定剩不到現在的一半吧。這麼一來，還有什麼好去想像的呢？」

「今天早上我沒有讓自己陷進絕望的谷底。我實在沒有辦法任由自己一早就掉進絕望之中，你不認為每天都能夠迎接早晨是一件很幸福的事嗎？」

「我可以分一半食物給黛安娜嗎？如果分一半給黛安娜，我想我自己的這一半一定會加倍好吃！只要想到我有東西可以和黛安娜分享，就讓我開心得快飛上天了。」

「琳達阿姨曾說過：『不抱期待的人是幸福的，因為也不會失望。』，可是，我倒認為，沒有任何期待比失望更糟糕呢。」

「那不是黛安娜的錯，是我的錯。」

「瑪麗拉阿姨，妳知道我也有個優點吧？同樣的失誤我不會犯第二次。」

「妳不認為幸好我有豐富的想像力嗎？想像力可以幫助我們渡過難關哦。我不敢想像一個缺少想像力的人，如果不小心骨折的話要怎麼熬過呢！」

「每一次原諒別人之後，我都會覺得好像自己做了天大的好事一樣，非常開心！從今以後，我要全心全意地努力做好事。」

「對一個窮人來說，最大的安慰就是可以自由地想像。」

「能夠像這樣活著實在是太棒了！」

「為了讓某個人快樂而去完成一件事情，真的讓人很開心呢。」

「有夢想真是一件愉快的事。我很開心能擁有那樣的夢

想。雖然夢想好像是一件沒完沒了的事，但就是因為這樣才好。當我們達成一個夢想之後，另一個夢想便在更高的地方閃耀光芒。就是因為這樣，生命才這麼有趣。」

「令人愛憐的世界啊，真是太美好了。能夠活在你的懷裡，我真是太幸福了。」

現在對於安妮是一個什麼樣的少女，大致上有點了解了吧。如果還有什麼疑惑或是想要進一步了解，尤其是若你也想要深切感受安妮的為人，建議你也去買一本書來看看。倘若覺得這麼做很麻煩，其實只要參考一下我做的整理應該就差不多了。關於她的個性和為人，從故事情節及語錄中，大致上可以歸納出以下十個特性。

1. 想法正面，樂觀。

2. 有著豐富的想像力、有夢想與凡事懷抱希望。

3. 個性活潑、善良和開朗。

4. 誠實、正直。

5. 有擔當，自尊心強烈。

6. 熱情、積極。

7. 重義氣、有正義感。

8. 有親和力，喜愛接近人群。

9. 高度抗壓力，絕佳復元能力。

10. 待人親切並懂得包容

命為「N 型人」的理由

　　看到這裡，相信各位大概都能理解爲何她是最佳的「人格」典範。考量她所經歷的處境就更有充足的理由。

　　你應該也會同意我以她爲典範。事實上，要找到一個合適的人格典範是極其困難的。而在這裡，是因爲她是小說的主人翁才有這個可能。例如，我們在歷史名人身上並不見得就能夠輕易找到他們人格良善的證據。

　　總之，經過漫長的探索之後，我決定選擇以安妮作爲「卓越人格」的典範。只不過，可能有人會感到疑惑，爲什麼名稱不是「安妮型人格」而是叫做「N 型人」。甚或有可能有人想要反駁，爲什麼不取用人格的英文「Personality」或是「Character」的字首，命名爲「P 型人格」或是「C 型人格」。至於我的理由，再明確不過。

　　雖然是從小說主角安妮得來的靈感，但我無法確定她的品性眞的夠完美到足以作爲我們所追求的理想典範。如果更深入分析，一定會發現到她也有缺點。更何況，她只是一個小女孩。我所要追求的理想人格可不是小女孩的人格，而是足以作爲社會人士典範的「商務人格」，所以，不可能直接以「Anne」來命名。因此，才會決定以「N」來代替。

　　當然，有一部分的理由是基於 Anne 和 N 的發音念起來是一樣的。書中提到安妮說她可以聽出別人叫她名字時有沒有 e 的發音，但對於非英語系國家的人來說，聽起來的發音

是一樣的。此外，我還考量到 Anne 的暱稱是 Nanny（字首寫成小寫的 nanny 是指「保姆」，要特別注意）。

此外，還有一個原因。我會決定以 N 命名是因為想到 Nice 這個字。翻開字典不難發現，許多形容人格的單字當中，Nice 通常都用來形容最值得讚許的人格。字義同時也概括許多正面含意，像是好的、美好的、宜人的、可愛的、細微的、精細的、有教養的……等等。希望各位也能夠把 Nice 所代表的每一個含意和人格作聯結來思考，還可用來指「講究的、愛挑剔的」的含意，我認為用來修飾我所追求的商務人格是再合適也不過，所以我選擇以 N 來命名。

總而言之，接下來只要提到「N 型人」，各位必定就會立刻想到是以「安妮」當範本，同時藉由她的形象聯想到具體的人格特質。「N 型人」就是這樣誕生的。呼！真是費了我好一番時間思考呢。

03
我原本以為這或許是基於《清秀佳人》的影響而開設的店，結果並非如此。蝴蝶餅源自於義大利北部一處修道院，這種點心在經由歐洲被傳到美國之後，一位名叫 Anne Beiler 的女士將它加以發展改良並取名「Auntie Anne's hand rolled soft pretzel」。

03

了解人格

何 謂 人 格 ？

到目前為止我們以「安妮」為人格典範，探討了良善人格類型的人才，說明了「N型人」的誕生，並且從各個不同的角度分析了安妮的人格特質。那麼，企業所需求的人格具體要素為何？何謂商務人格？既然大家都認為人格比實力更重要，那麼人格的定義究竟是什麼？接著讓我們解開這根本性的疑問，如此才能知道該如何設定成為N型人的方向，清楚了解需要修正的問題以及補強方法。

人格，是一個很難簡單說明的廣泛概念。我們在前面將「紅髮安妮」的人格歸納為十個特質，不過，應該還需要做更詳細的分析。如何看待人格的構成要素見人見智，因為我們無法很機械化的說明人格特質。

字典中對人格的解釋是「一個人的品性」、「個人所保

持的想法與態度以及行為上的特性」。但若是追根究柢就會發現，不同的論者有不同的解釋。有的是將人格定義爲正直、負責、尊重、包容、溝通、自律、合作、正義、公平、信賴等各種德行，但也有的認爲是指勤勉、誠實、正直、責任感、能力、推進力、合作性、社會性、待人接物、自發、主動、進取、守法、秩序意識、信賴感、領導性、交涉性、社交性、專注力、穩重、耐性、情緒穩定、健全的精神、情感狀態、神經發達等極廣泛的意義。如果眞是這樣，也就是說舉凡所有的個性特質都跟人格有所相關，似乎有點誇張了。

另外，也有人認爲是個人在迎合社會、環境所要求的狀態下，各自表現在外的一貫行爲構造與固定習性，將人格定義爲一種個人與環境之間的相互作用。一如以上說法，人格是一個非常廣泛而抽象的概念。

人格、品性及個性的探討

接下來看看英文的說法。人格的英文是「Personality」或「Character」，視文脈所需而改變用法。不過，一般來說，心理學者主要採用前者，而教育學者或是倫理學者則多用後者。心理學之於人格，其論點較傾向於講求一個人要有健全個性的「發展心理學」爲中心，而教育、倫理學所指的人格則是關於個人在行爲方面的道德特性。

近年來，開始傾向以意指先天個性的「Character」來指

人格，而意指後天個性的「Personality」則指一個人的個性。換言之，Character 是與生俱來的人格，Personality 則是可以透過努力而改變的個性。好比說，一個原本個性偏差的人，在經歷一場關鍵性的意外後，脫胎換骨變成一個真誠的人，也就是說這個人的 Personality 跟從前不一樣了。

史蒂芬‧柯維（Stephen Covey）在他的知名著作《與成功有約》（*The 7 Habits of Highly Effective People*）中，詳細說明了與人格有關的特性。他用「德行倫理」（Character Ethics）和「個性倫理」（Personality Ethics）的概念，來解釋邁向成功人生的鑰匙。德行倫理直接關乎「人格」，是成功人生和良好人際關係的基本準則，然而像是言行舉止、謙卑、忠誠、勇氣、正義、忍耐、勤勉等等則是歸類於人自身的品性。遵守這基本準則的同時，品性（人格）也會日益精進，最後更能夠贏得他人的信賴。柯維認為不管這個人是否能言善道、交際手腕高超與否都不再是問題。

反之，個性倫理是指「個性」部分，是關於人際關係圓融的通俗形象、態度與行為等技術。換句話說，以性格為中心的人際往來，同時也意味著是以各種手段讓自己受歡迎的一種造作和欺瞞。

柯維在書中提到，在他人身上使用個性倫理的要素（即各種手段）並不值得鼓勵，因為他認為即便是一個品性盡是缺陷、個性反覆且不誠實的人，為了與人建立良好關係而採取各種手段，也只會造成彼此之間的不信任，長期下來必定

會失敗。結論是，具備良善和值得信賴等最基本的卓越品性，也就是要有良善人格，才會懂得善用性格倫理的各種技法，最終贏得永久性的成功。

那麼，東方的先覺們又是如何看待人格的呢？孔子認為「智、仁、勇」是人格的重點，並且說到：「人若能具備這些，便具備了完整的人格。」而孟子則是認為：「這是唯有人類才能具備的社會道德屬性。」

至今，我們探討了各種說法，然而結論其實很簡單。人格即是一個人的品性，是指「完善者」的品格，比人性更為基本、也更高層次。

學者及先覺所認為的人格就先講到這裡。一般公司企業的領導人又是如何看待人格的呢？老闆或人事主管對人格的標準，是更加貼近常理且務實的看法。他們會這麼說：「人格是肉眼看不到的東西，因此需要以表現於外的態度或姿態、言行加以規定。」譬如像是開朗的表情、爽朗的態度、正面的思考、誠實的表現、樂於和上司或是前輩、同僚維持圓融關係等等。這麼一來，學者口中的人格和個性就成了一個混亂的概念。

可是，就事實而言。老闆或人事主管們所說的務實概念的「人格」，反而符合現實世界，也就是我們所要追求的商務人格。無論如何，在現實世界裡本來就是透過外在表現來規定、評價一個人。沒有人會閒到連別人的「內在」都在管。因此，也只能奉勸他們與學者們的主張作出明確區隔，採取

務實的對策。

　　暫且不論如何解讀與定義人格或是個性，重點是幾乎沒有人會認為自身的人格或個性有所偏差。表面上也有人會自我批判的說：「我的個性很有問題」。然而這不過是謙讓的修辭，有多少人願意承認自己的人格和個性並不好？人格的問題正是由此衍生而來的。

04

品性更勝資歷

N 型 人 是 趨 勢

前陣子各大媒體都在報導 LS 產電集團的具滋均副會長所提到關於人才的條件。在以首爾各大學畢業生爲對象所舉辦的人才招募活動致詞中，他明確地說明了什麼樣的人是他眼中的人才。

他指出三種類型的人才條件。第一類型是擅於結合不同的領域，展現超越過去的嶄新創造力的聚合型人才，第二類型是能夠完整吸收其他國家文化與禮儀的跨國型人才，第三類則是隨時都能夠散播愉快氛圍的人才。

其中他特別強調第三類人才，「我在挑選人才的時候，最重視這個人是不是一個展現愉快氛圍的人。作爲一個 CEO，能與這樣的人才共事是讓我覺得最幸福的一件事。」簡單的說，他認爲個性良善、具備 N 型人格的人最爲優秀。

因為 N 型人的最基本條件正是具備「愉快的氛圍」。

不只是企業的 CEO 偏好 N 型人才，同事之間也是一樣的。應該說，在同事之間是更重視人格的重要性，做事的能力反而不會是多大的問題。想像一下如果你身邊有個品性欠佳的同事，別說是人際關係了，工作氣氛會怎麼樣是可想而知的。

某就業網站以上班族為對象的調查結果顯示，大約有 71% 左右的上班族都認為判斷同事（包括前輩）的為人時，最大的衡量基準並非是「業務能力」，而是對方的誠實程度、做人處世等的「品性」。此外，約有 81.5% 的人回答他們會選擇品性好的同事，即便對方在工作上能力不好也無所謂。證明了這是一個 N 型人當道的時代。

人格也是一種資歷

現今各個企業都在高呼「不要資歷，只要品性」，絞盡腦汁想找到「人格優秀」的人才。即便沒有耀眼的履歷、能力也不夠傑出，一個具備良好品性的人仍可能透過教育和訓練培養業務能力，或在符合自身能力的崗位上有傑出的表現。就算擁有傲人的資歷或是實力，但如果品性欠佳，再漂亮的履歷也只是「空中樓閣」。從前，企業認為有「才能」的人才，必定具備過人的創造力，而透過面試拼命招募「出色的人」，結果事後發現自己太過短視。他們了解到假如沒

有人格作為根基，空有能力只是一種災難。找來的出色人才要不是把商業機密賣給敵對公司，要不然就是侵佔公款「拿了就跑」，這樣的例子多不勝數，也算是「報應」吧。於是，最近又開始重新回到「實力不足尚可接受，人格欠佳就絕對留不得」的情形。

既然如此，又該如何分辨具備良善人格的人呢？其實有很多方法。其中，最常被應用的是「人格審查」或稱為「性向測驗」的程序，甚至有大學會指導學生該怎麼表現才能符合面試標準的「要領」。為了讓學生順利通過人格審查而這麼做，不知道算不算是變相的教壞學生的人格。

企業界用來了解應徵者人格的面試題目會是哪些呢？每家公司當然都不一樣。有些是由專家負責出題，有些則是人事主管準備適當的問題再交給面試人員。不管是哪一種情形，公司想藉由人格面試達成的目標可以歸納為三個重點。

首先，了解面試者是否適任公司的業務與性質；其二，了解這個人是否能夠與上司、同事、後輩、客戶之間維持圓融關係；第三個重點，則是了解這個人是否正直、誠實且積極、富有創造力。為了了解這些重點，會提出各式各樣的問題。有時會提出像「如果要把西海大橋移到漢江，應該怎麼做？」這種異想天開的題目，然而「條條大陸通羅馬」，了解應徵者的人格是最終目的。以下舉出最常出現的七大面試題目供大家參考。

1. 是什麼樣的動機讓你想要來我們公司應徵？

2. 你覺得你的個性有什麼優點？

3. 你曾經歷過什麼困難？請描述克服困難的經驗。

4. 過去的失敗經驗帶給你什麼樣的教訓？

5. 你有什麼樣的夢想和抱負？

6. 為何我們公司應該要錄用你，請告訴我理由。

7. 你有什麼興趣和專長？

軟資歷與硬資歷

這些題目真的能夠了解一個人的人格嗎？面試者有沒有可能會隱藏真正的自己、以完美的答案來粉飾自己？

這是有可能的。據說那些假裝是脫北者（從北韓叛逃的北韓人），實際上是被派到南韓來臥底的特務，能夠巧妙通過測謊機的測試。這麼說來，面試這種小考驗更可想出各種招術來順利過關。事實上，那些準備大學考試的高中生或是求職者，會事先參考面試考古題或是預測題目，事先準備好標準答案之後才去應試。

更何況，大部分負責面試的主管其實不見得都是專業的面試官，筆者本身也擔任過幾次面試官，有些時候是公司「突然」指派你去擔任面試官。這種「突然」的作法，其實是為了避免作弊的疑慮。被指派的負責人會事先接受簡略的面試要領，然後才進入面試會場。實際的情況如此，真正的人格

還能夠這麼容易測試出來嗎？答案是「可以」。

大部分的面試題目並沒有標準答案。雖然可能都是像「假設你要跟五個朋友去一趟為期五天的歐洲旅遊，你會怎麼準備這筆經費？怎麼分配每個人的工作？」、「請誇獎一下你自己」這類不算是有深度、有點異想天開的題目，但還是能夠透過應徵者回答的態度或內容來判斷為人。比方說，我們時常在和某人閒聊的過程中，大略可以猜測到對方的品性。

好幾個面試官一致盯著緊張的應徵者，丟出事先算計好的題目，不用說，應徵者必定都會不自覺的流露出最真實的自己和為人。在這種氛圍之下，應徵者很難有所隱藏。

既然絕對不可能隱藏自身人格或是有所欺瞞，那麼天生品性偏差的人又該怎麼辦？難道這些人就一輩子別想上大學或是就業嗎？只能怪祖上沒積德嗎？不，還是有應變措施可以順利通過人格審查的考驗。不僅如此，甚至有個Know How可以讓你在成功錄取之後，更能以「可靠」形象受到公司的認同。很想知道吧？這本書裡處處都是Know How和教你如何應變的對策。找到這個密技並且將之內化成為你自己的實力，這就完全要看你自己的作為了。

上班族必須具備二個技能，分別是硬實力（Hard Skill）和軟實力（Soft Skill）。「硬實力」一般是指「才能」、「技能」，比方像是實務能力或外文能力、電腦能力等等。相反的，「軟實力」是指「人格」（個性、品性）。

資歷（Spec）是最近在新鮮人之間流行的一個名詞。而我認爲資歷應該也要分成硬資歷（Hard spec）和軟資歷（Soft spec）。若說硬資歷是求職或入學必備的學歷、分數、海外經驗、托福分數等的評價要素，軟資歷便是一個人的爲人，也就是人格。

　　發展心理學學者李寇納博士（Thomas Lickona）把人格的要素分成道德性（Moral character）與實踐性（Performance character）兩部分。道德性人格又分爲關心、正直、公平、責任感、尊重自己與尊重他人等要素，實踐性人格則分爲勤勉、全力以赴、忍耐、批判性思考、正面態度等要素。他認爲一個人的人格是依照這兩類要素隨著環境而產生複雜關連所形成。

　　這種說明太複雜了嗎？那換個簡單的說法，也就是說，正直、有責任感並且懂得尊重他人，同時具備勤勉、努力和正面態度，便是擁有良善人格的捷徑。我們都需要這種軟實力，應該持之以恆地努力累積良善的人格，這就好比是爲了要成爲一個全球型人才而埋首苦讀外語一樣。

第二章

成為 N 型人

是為了公司嗎?

（N）

｜

爲什麼必須要成爲 N 型人？

這可不是基於公司的需要和要求，

而是爲了你自己。

這才是最根本的理由。

那麼，爲什麼必須要爲了「自己」而這麼做呢？

為什麼必須成為 N 型人？在前一章節談到 N 型人有利於求職，而且也為大家分析為什麼企業喜歡 N 型人的原因。同時，也提到徵才面試的真正目的，實際上是公司為了尋找具備良善人格的求職者。那麼，只為了求職、為了迎合公司的要求和需要、為了組織偏好這種人才，就必須把自己變成 N 型人嗎？以現實面而言，確實如此。可是，若只是因為這樣的話，那就太悲哀了，真的很淒慘。這些理由並不足以把人變成真正的 N 型人。被逼著去做不喜歡的事，是不可能養成 N 型人的。說不定還會把自己逼出病來。

　　你必須具備 N 型人的最重要理由，並不是為了迎合公司的需求和要求，而是為了你自己。這才是最根本的理由。為什麼需要為了「我」而具備 N 型人呢？在揭曉確實的原因之前，建議各位不妨先回想一下安妮的十個特質。

　　請仔細想想，安妮所展現的良善人格難道是為了卡修柏兄妹嗎？是基於卡修柏兄妹的要求嗎？是為了討好周遭人們而如此表現的嗎？假使真是如此，她就不是 N 型人，只能算是一個表裡不一的人。安妮的人格是天生的，她那自然而然流露的人格，對她自己而言是最有利的特質。用微笑面對逆境，在艱困環境下她仍然相信自己會幸福，這種樂觀的態度贏得了周遭人們的喜愛，也因為大家對她的關愛，使她的人生更加充滿希望且幸福。因此，我們之所以應該具備 N 型人，正是為了「我自己」。關於這點一定要有確實的認知。那麼，是為了自己的什麼呢？可能有很多事情都值得你這麼做，不過，只要把以下三個理由銘記在心就行了。這也是你應該要成為 N 型人的明確且關鍵性的理由。

01

為了幸運

想 法 決 定 了 幸 運

美國的心理暨哲學專家威廉・詹姆士（William James）不只是一位貢獻良多的心理學家，也是在自我開發書籍中最常提到的重要人物。他之所以常在自我開發書籍中出現，原因之一是因爲他著名的「語錄」（當然也因爲有心理學方面貢獻的加持）。

「改變想法，就能改變生活。播下一個行動的種子，你將收穫一種習慣；播下一個習慣的種子，你將收穫一種性格；播下一個性格的種子，你將收穫一種命運。」

把這段話裡第一句和最後一句連結在一起看看，「改變想法，你將收穫一種命運」。算是爲了點出這句話而繞了一

大圈。即「想法＝命運」。也就是說，想法能夠讓你的命運變得不一樣。這句話讓我想起另外一句類似的說法：「個性就是自己的八字」，英語也有這麼一句話：「Character is destiny」，想法是個性的體現。反之，累積的想法便是你的個性，最終個性即是命運、是八字。

講到八字我就想到一個命理用語「四柱八字」（出生的年、月、日、時的天干地支組合），我從這個用語之中自創了一個新造詞「思主八字」，意思是「思想才是八字（命運）的主人」（四柱與思主的韓文發音相同），我不認為是「四柱」在左右「八字」。也就是說，想法塑造命運，個性會決定八字。

四柱八字？思主八字！

總結來說，個性會左右人生、人格決定了人生的成敗。換句話說，良善的人格會為你引領出美好的人生，偏差的人格就只會迎來不好的結果。因此，想要幸運就要先具備良善的人格、形成良善的個性。這也就是為什麼我們都需要具備 N 型人格。

人格與運氣密切相關（不論是幸運還是惡運），人格會左右我們人生的道路。以下與各位分享一個發生在美國的真實故事。

在一個下著滂沱大雨的夜晚，一對老夫妻開車來到一家簡陋的旅館，他們走近櫃台要了一間房。很不巧，剛好全部都客滿了。這時，櫃台人員只要以禮貌且親切的態度告訴他們：「很抱歉，客滿了。」也就盡了櫃台人員該扮演的角色。然而這位年輕的櫃台人員卻主動幫老夫婦打聽別家旅館有沒有空房間，最後沒能找到空房的情況下，他甚至把旅館裡自己的房間讓給這對老夫婦借住一宿。

第二天，老夫婦在離開旅館的時候對年輕人說：「託你的福，昨晚我們才沒有流落街頭。」並且遞給他住一晚的費用。但是，年輕人堅決不肯收下，他認為那不是正規的客房，所以不能收費。他覺得只不過是把自己的房間借給老人家住了一晚而已。

2年後的某一天，這位櫃台人員收到一封邀請函，還附上一張飛往紐約的機票，原來是那對老夫婦寄來的。年輕人應邀飛往紐約，老夫婦在一間新落成的豪華飯店的玄關接待他，並且告訴他：「這是我們特地為你建造的飯店」，並把飯店的經營權交給他。天哪！世上怎麼可能有這種好事！那就是在當時被視為全球最大規模的華爾道夫飯店（Waldorf Astoria Hotels），而那位年輕人喬治‧彼特（George Boldt）後來成為華爾道夫飯店的第一代經營者。

這是一個讓我們了解到良善人格、好品性是如何與命運產生連結的感動故事，彼特懂得為別人著想的好品格，為他開啟了一扇幸運之門。

這個故事讓我想起了一個人。雖然是很久以前的事，卻一直深深刻印在我腦海裡。多年前有一次出差時，偶然間走進一家位於大田站旁的擦皮鞋店的往事。現在的擦皮鞋店都看來乾淨清爽，但當時像這種店裡面都很髒亂。不過，我走進去的那家店卻很不一樣，乾淨整齊得讓人有些驚訝，店內飄揚著優雅的古典樂，有一個看上去應該是 30 來歲的年輕人正低頭擦著皮鞋，側臉帶著幾分俊俏。他待人十分誠懇，開朗、善良又親切。他在擦皮鞋的時候十分專注且仔細，不放過任何一處細節。他擦過的皮鞋都光亮如新，穿上他擦好的皮鞋時，心情真是無比暢快！從此我就成了他的常客。

　　有一天，我在趕赴一場演講的路上，習慣性的先繞到那家店裡去，那時他對我說：「老師，以後我們可能很難再碰面了。」他向我說明了原因。

　　有一個像我一樣的熟客也經常來找他擦皮鞋，是一個身材高瘦的中年男子。他也十分欣賞這個年輕人。在一個十分寒冷的冬日裡，這個中年男子又來擦皮鞋，並且對他這麼說。

　　「你實在是一個誠懇又親切、做事情也很賣力的年輕人。不過，像今天這麼冷的天氣，若是在國軍司令部那樣的地方擦皮鞋，不僅工作環境比這裡好、收入也會比較穩定不是嗎？」

　　「若是真有這種機會當然好。只是，並不是什麼人都能進到那裡做事的。再說，想去裡頭工作的人不曉得有多少呀。想進去也需要有很強的後台呢。」年輕老闆這麼回答。

「呵呵，是嗎？」中年人也只是輕笑了兩聲就離開了。

大概過了一個月後，有一天國軍司令部派人來找這位年輕人，原來是那位中年熟客派來的。來者問年輕人想不想進司令部做事。這是怎麼一回事呢？原來常來找他擦皮鞋的那個中年男子不是別人，正是司令部的一位將軍。經常以一身便服往返首爾市的他，偶然間來到店裡找年輕人擦皮鞋，結果被他那誠懇又細心的工作態度給深深吸引了。

一個人所抱持的想法會決定他的命運。有著良善人格的人自然會散發出開朗活力，為自己開啟命運之門，並且招來好運。

這就是必須為了你自己而成為 N 型人的第一個理由。有時候就像這個故事一樣，你會突然遇上好運也說不定。我不是要教大家懷著僥倖的心理，如果因為想要幸運而刻意做出某些行為，這就不是真正良善人格的持有者了。

我希望各位都能夠堅信這些不變的真理並且身體力行：「個性即是命運」、「人格會開啟幸運之門」、「想要怎麼收穫先那麼栽」。

o2

為了幸福

個 性 才 是 關 鍵 ！

　　為什麼要活著？為了什麼而活？每個人都有自己的理由。大家必定會舉出各種目的和理由，這是當然的。不過，想得比一般人深遠的先知們，卻認為我們活著的目的是為了得到幸福。

　　大部分西方學者的幸福論都深受古希臘學者亞里斯多德的影響，而亞里斯多德在很早以前就認為幸福是人類追求的終極目標。他曾經主張「幸福才是至高無上的善美」。而法國哲學家兼數學家的帕斯卡則更勝一籌。「幸福是所有人的動機，甚至是引發戰爭的人或是自盡的人，在這一點上並沒有不同。」

　　西藏精神領袖達賴喇嘛也認為：「不管有沒有宗教信仰，無論是信奉我教還是其他教派，幸福是我們活著的目的，我

們的人生也持續地朝著幸福的方向前進。」

幸福的素質與人格

　　何謂幸福？事實上沒有人能夠準確的定義，現在沒有，以後也不太可能。不過，許多心理學家都普遍將之定義為「幸福是一種正面的情感態度，又或是在追求意義與目的的過程中，內心所感受的喜悅。」有部分專家則是以正面的情感或是肯定性來取代幸福這個說法。換言之，幸福是一個正面的單詞。

　　怎麼做才能得到幸福？絕不是光憑幸運就能讓你從此變得幸福。根據研究，以中頭彩為例，一夕致富的幸福感不會超過一年，甚至於隨之而來的後遺症讓人覺得是一場「詛咒」。不時有所耳聞，有人中了頭彩卻「一夜之間傾家蕩產」的這類消息。成功或是出人頭地的情形也一樣。順利升遷或達成目標的時候，會高興得快飛起來，但過不了多久又會覺得其實沒什麼，這是「適應」的問題。成功與幸福之間並不是成正比。

　　即便成功了，但沒有因此而過得幸福的人還是很多。許多人都抱有錯誤的認知或是過度的評價，以為只要有錢或是出人頭地就能帶來莫大的幸福。幸運或是成功都不能為我們保證一定能夠從此過著幸福的人生。有人說：「幸福不是開心的強度，而是開心的頻率」，意思是一次的大開心不如好

幾個小確幸來得更有用。

　　既然如此，那要怎麼做才能比較容易得到幸福？哪一種人能夠比別人更容易變得幸福呢？

　　密西根大學心理學系的教授克里斯·彼德森（Chris Peterson）應他的恩師賓州大學的教授馬丁·塞里格曼（Martin Seligman）之邀，一起共同研究「讓人幸福的真正關鍵」。兩位教授實際調查了幸福的人們才有的共同點，並整理出「幸福的素質」，也就是說想要幸福就得具備一定的素質。彼德森教授在各種素質當中特別指出「希望、愛、感謝」這三項，心中常存夢想和希望，以及熱愛世界、凡事懂得心存感謝，就是幸福的素質。當然，這種幸福的素質並不是什麼人都有。要一個深感絕望的人不要放棄希望，這種話只能算是應酬話，一個生性卑鄙的人也不可能突然之間變可愛。三個幸福素質當中，隨個人的決心和努力而比較容易養成的要素是「感謝」（引自黛博拉·諾維爾的著作《感恩的力量》）。在後面章節再和大家談談關於感謝的話題。

　　為了幸福應該具備哪些必要條件？這方面有許多的研究。關於幸福的研究主要都在分析其要素。是金錢？是外貌，或是需要一個有能力的好朋友？徐殷根（音譯）教授在著作《幸福的起源》書中，把幸福的決定性要素歸納為個性和人際關係。

　　總而言之，最大的幸福素質是個性，也就是人格。最終可歸納出「幸福不是高材生的專利，個性才是關鍵」的結論。

不管身處多麼險峻的環境，依然保有正面的態度且不放棄希望、樂於用善意眼光看待事物並熱愛世界、能從生活中不起眼的事物當中感受喜樂並懂得感謝、熱情且待人親切……這些就是 N 型人的表徵，也是這類人特有的氣質。我們可以在這一點上找到必須成為 N 型人的第三個理由——成為 N 型人是得到幸福的方法。包括亞里斯多德在內的眾多先知們都提到，唯有具備良善的人格才能夠比較容易實現幸福人生。

難道只要個性好，幸福就自然會來報到？怎麼可能。那麼，幸福究竟在哪裡？幸福不是藏在哪裡，而是必須要靠自己去找出來、去創造。

正因為如此，它是無所不在的。要怎麼找到幸福、又該怎麼創造，這一切都取決於你的「選擇」。當我們選擇「我一定要變得幸福」時，不論身處任何的情況下都能過得幸福。美國暢銷作家安迪·安德魯斯（Andy Andrews）在著作《七個禮物》當中做出了以下結論。

「如果此時此刻的我是不幸福的，這是我選擇的結果，和人生的境遇無關。」

選擇吧，非幸福不可！

03

為了成就

先 實 踐 內 在 的 成 就

　　在本書中，我一再向各位說明成為 N 型人是通往幸福之路。雖然說人生終極目的是得到幸福，但是我們卻總是要的更多，人們並不因幸福而知足。也許因為幸福是摸不著、看不到的東西吧，於是我們都想要更大的成功和成就。

　　何謂成功？就跟幸福一樣難以界定確切的定義。翻開字典只能看到「達到目的的狀態」幾個字的簡略說明。「簡略」有時可以顯現出簡單扼要的精義，但有時卻也是表示無法界定意義的反證。只要達成目標就算是成功了嗎？並不盡然。

　　成功的概念必定因個人的價值觀而有所不同。有人覺得有權力或得到名聲就是成功，也有人是把成功二字分開來思考，達成的「成」和功德的「功」，認為「積功德」、「樂於助人」才是成功。

N 型人＝內在的成就

　　暫且不論成功的概念究竟是什麼，大部分的人在談論成功的時候，一般都是想著物質方面的富裕或是達到自己理想的社會地位，因爲現實的社會競爭就是如此。不過，真正擁有財富或是爬上社會地位之前，有一件事情是我們必須達成的，那就是內在的成功、內在的成就。

　　內在的成功和成就是指什麼？是成爲一個具備完善人格、良善人格的人。說到這裡，我想起美國總統歐巴馬推崇的美國思想家愛默生（Ralph Waldo Emerson）在〈成功的定義〉詩中所吟詠的內容。

> 「笑口常開。
> 讓自己受到智者的尊敬，以及孩子們的喜愛。
> 接受來自正直的批判者的讚美，容忍朋友的背叛。
> 要能夠分辨美好，發掘別人的善。」

　　愛默生的詩會教人思考內在的成功。他在詩中並不提「內在」或是「人格」，但就是會讓人聯想到良善的人格態度、優秀的品性。如果你再仔細玩味詩句，我想你也會同意我的話。詩中所指的成功，和世俗的出人頭地和財富名譽是不一樣的。每當讀愛默生的詩，哪怕只是短暫的瞬間，總會感受到心靈彷彿被淨化了。我想，成爲 N 型人是否也意味著

成為一個最接近愛默生口中的成功的人呢？

　　說眞的，成為 N 型人，即成為一個良善人格的人，這是一種了不起的成功。我見過許多宗教人士或是渴求美好人生的人們努力修道，他們為什麼隨時都在祈禱和冥想，忍受苦行只為修行？或許有各式各樣的理由，然而最終也都是為了追求內在的成功。從這樣的角度來說，成為 N 型人確實也是在接近內在的成功。

　　我一再強調內在成功與外在成功之間的關係，因為我很清楚如果一個人格不成熟者，一旦成功位處高位、坐擁財富時，對其他人來說會成為何等災難，相信你也聽過不少這類人造成社會混亂和倚仗權勢毀壞社會的情形。這仍然不斷在發生不是嗎？就算不是位高權重的人，大家應該都知道，一個人格拙劣的人一旦成為主管或擁有人事權之後，一起工作的人會受到多大的困擾並且對人格感到失望。

　　身為一個人、且成為一個「完善者」具有不亞於名譽或是財富的重要價值。同時，「完備者」所贏得的名譽和財富才是實在的。這是我們必須成為 N 型人的另一個理由。

「我的初衷並不是為了得到更好的工作或更高的地位，只是想要成為一個更不錯的人。然後，我的未來就很自然的展開了，我也因而成就了更多的東西。」（引自約翰‧麥斯威爾著作《*The 15 Invaluable Laws of Growth*》）

人格＝成功的決定性要素

　　上一段從內在成功、內在成就探討了我們必須成為 N 型人的理由。接下來，我們要了解一下現實面的成功。你需要讓自己成為 N 型人的原因在於，那跟你在職場上的成功有著極大的關聯。簡單來說，具備良善人格才有可能贏得世俗的成功。因為一個人格良善的人，周邊的人自然都會靠攏過來。越是了解這個世界，越能夠領悟到成功和人之間的密切關聯性。換句話說，人際關係是成功的基礎。有好的人際關係，這件事情本身就是一個了不起的成就。

　　人際關係本身就是成就？沒錯。如果把「人」用另一個名詞來表示的話會是哪個字？

　　是「人間」。仔細看一下「人間」二字，可能你也會讚嘆其中的妙趣，古人居然就已經洞悉出人的屬性和本質。人間指「人與人之間」的意思。顧名思義，人不可能脫離與他人的關係而獨自存在。即便是獨自隱遁到山林佛寺修行，生活上也必須尋求他人協助。就算不是直接的，也還是會間接受到別人的幫忙。人類的歷史，遠從伊甸園的亞當夏娃時代就已經開始有「人際關係」的存在。

　　在學校學到「人」這個字時，老師告訴我們這個字是意味著人與人之間互相扶持、依靠的象形文字。而透過「人間」的「間」字來意會「人與人之間」的意義，透過「人」字可以領會到相互作用的意義。一如美國心理學家特曼（Lewis

Terman）所說，人與人相互依存是與生俱來的特性，因此人類是無法與他人分離的存在。換句話說，人類彼此之間的「關係」、「社會性」是人類存在的本質，同時也是一個必然的事實。

全球首屈一指的腦科學家麥克・葛詹尼加（Michael Gazzaniga）教授，曾針對人類大腦的用途而做了研究。他研究了一輩子所得到的結論是「為了建立良好的人際關係」，也讓我們再一次確認了「人間」一詞的絕妙之處。

藉由以上種種說明，大家應該都已經多少了解到人格和人際關係以及成功與成就的關係。

你想建立好的人際關係嗎？想要成功嗎？那麼，方法已經夠明確了。你得把自己變成 N 型人。

在前文裡，成功和成就被當成是相近的意思來使用，其實是需要有所區分的。以嚴謹的角度而言，成功和成就之間是有差異的。

活躍於二十世紀初的美國女明星海倫・海絲（Helen Heyes），5 歲時便以童星身分登台演出，之後繼續在電影、電台、電視等媒體打開知名度，後來甚至於成為美國郵票上的肖像，關於成功和成就的差別，她是這麼說的。

「我的母親是一位把成就和成功分得非常清楚的人。她告訴我：『所謂的成就，好比是你用功念書或努力工作，是在該做的事情上全力以赴的一種認知。成功雖然能讓你受到

別人的推崇，卻不是那麼重要也無法因而滿足。妳應該時時
以成就當目標，但不需要在意是否成功』。」

　　成功和成就聽來雖相似，很多時候也被當成同一個意思
使用，但是細分之下兩者是有所差別的。「成功」是與他人
比較性質的一種概念，會讓人聯想到激烈的競爭，有種只是
表面上贏過別人的意味。相反的，「成就」一詞比較沒有為
了輸贏而壓制他人或在競爭中勝出的意思。我們都應該要著
眼於內在的滿足感、內在的成功。不要盡想著和別人作比較，
而是把自己當成競爭對手，
　　要讓今天的自己比昨天的自己更進步。選擇一件自己想
要達成的事、應該要嘗試的事，然後打造一個自己的世界。
　　別只是趕在別人前面去爭取什麼，你該做的是找到值得
努力的價值和意義。具備良善人格的 N 型人，懂得以成就為
目標，並且樂於邁向成就。最終，這樣的成就會帶領你達成
更高層次的成功。
　　現在，各位都已經清楚了解為什麼應該要成為 N 型人了
嗎？正是為了你自己。

N

第 三 章

這就是 N 型人

N 型人的條件

N

想成為職場所需要的 N 型人
必須具備哪些條件呢？
至少必備五個條件，
才能稱得上是 N 型人。

既然談的是良善人格的條件，只要清楚說明人格的條件，也就是品性的構成要素就可以了。只是，就如同前文提到過的，人格是一個十分抽象的東西，涵蓋的意義十分廣泛，構成要素既抽象又多樣化。勤勉、誠實、道德、正直、謙遜、信賴、親和力、合作、穩重等等都可以視為是要素。

　　各位只要記住，本書所談論的人格是以「商務人格」為主旨。雖然是以「安妮」為範本，但我們在談的理想人格並不是「善良的人」。我們要把重點放在一般人在職場上、在商務上都需要的人格。一旦把範圍縮小、明確定出目標後，人格的條件也會更加分明。

　　想成為職場所需要的 N 型人必須具備哪些條件呢？至少必備五個條件，才能稱得上是 N 型人。

01

正向態度
逆 轉 勝 的 力 量

　　從 N 型人的必備條件當中，如果要挑選一個最基本的條件，應該就是正向態度了吧。正向態度是塑造 N 型人的最基本條件。如果要在任何的環境下都能夠散發開朗活力、贏得周遭人的好感，需要正向思考、正向情緒做支撐。

　　近年來，不管是各種書籍還是演講都很流行倡導正向觀念，但這其實是近代才有的趨勢。過去的心理學家及精神學者深受佛洛依德的影響，重視正向態度的情形並不普遍，而是致力於探索內心的消極面。當時，關於消極心理的研究是以緩解精神疾病為目的，至於創造人生價值的正向態度卻受到忽略。

　　於是，基於反向思考而衍生出了「正向心理學」。這是由美國賓州大學心理學系教授馬丁・塞里格曼所創，不再著

眼於不安和憂慮、壓力等消極情感，而將焦點放在優點和美德等正面心理，是心理學上的一個嶄新領域。

塞里格曼教授如此形容正向心理學的萌生：「1998 年 1 月，由聚集在墨西哥尤卡坦半島的三人閃閃發光的眼神中所誕生的學問產物。」三人指的是塞里格曼、法勒（Ray Fowler）、契斯森米哈里（Mihaly Csikszentmihalyi）。從這一門嶄新學問創始到現在，不過才 15 年的時間，但在美國包括哈佛大學在內的 100 多所大學紛紛設立了正式的課程，而這個趨勢更是急遽擴散到全世界。

以上是題外話，回歸正題吧！為什麼正向性會成為 N 型人首要條件呢？只要反向思考，答案立刻就出來了。舉個例子，假設現在有一個人凡事抱持消極的態度。每一件事情都只想到負面，把所有的事情都想得很偏激。這樣的人會有什麼樣的人格，我想根本不必贅述。

那麼，什麼是正向的態度？字典上的解釋是「對某個想法或事實認為是正確的或是理所當然。」

這種解釋實在不夠力，少了一點力道。再加一點補充說明吧，不一定認為是正確才認同，而是能夠理解背後原委或內情，這樣就是一種正向的態度。重點就是要先認同並且接受，也就是不要去看陰暗面而是著眼於光明面，這就是正向的態度。

效法松下幸之助的正向思考

正向的力量之所以會受到重視，是因爲讓我們得以用不同角度去看待世界和工作。正向態度能夠讓一個人把困難視爲簡單、將不可能變爲可能、把辛苦的勞動想成是玩樂、在痛苦得以優雅自在、困苦中不放棄希望、不幸中仍心存感謝。甚至是不幸或缺點，只要通過正向的光譜就有可能變成「幸運」或「優點」。

在談到正向態度時，經常會被引用爲例子的名人就是松下幸之助。他是日本數一數二的大富翁，也是松下集團的創始人，打響了「國際牌」的名聲。被喻爲「日本經營之神」的他，直到逝世前仍以 94 歲高齡意氣風發地掌管 750 個企業、13 萬名員工。每當人們談論「正向力量」或「飢餓策略」等話題時，他是最常被提及的人物。有一個關於他的小故事很有名。

「社長，請問您的成功秘訣是什麼？」

有人這麼問松下幸之助，松下給了對方這樣的答案。

「我之所以能這麼成功，主要是因爲有三個幸運事。第一個幸運就是我的家境貧困，我自小就從擦皮鞋、送報紙等工作累積了在世上求生存必要的經驗；第二個幸運是我從小就體弱多病，因此促使我積極做好健康管理，即便我現在年事已高卻依然很健康；第三個幸運是我書念的不多，只念到

小學四年級就輟學，所以我把世上所有人都當作是老師，努力的學習。」

　　這就是正向的態度。即使身處困苦環境中仍想著光明面，認同並接受現實，進而將苦難或弱點昇華為幸運和強項。如此才能發揮改變命運的偉大力量。對了！在這裡應該要稍微說明一下正向和樂觀的差異。這兩個名詞經常被當作相同意思，不過，嚴格來說還是有所差別。樂觀並不同於正向態度的「對未來抱持希望」且「理解、認同並接受現況」，希望大家再一次玩味箇中含意。如果各位還是覺得似懂非懂，那我只好請美國的史托克戴爾將軍（Jim Stockdale）來為大家做個簡報。將軍，請出列！

史托克戴爾將軍的正向態度

　　史托克戴爾將軍在越戰中曾一度淪為俘虜，是當時美軍戰俘中的最高將領。從 1965 年到 1973 年為期 8 年的時間，他都被囚禁在越盟軍的戰俘收容所。在經歷了長達 8 年的地獄般生活和數不清的嚴刑拷問後，他堅強地活了下來。被釋放之後，他成為美國海軍史上第一位同時榮獲航空勳章和國會榮譽獎章的三星將官。暢銷書《從 A 到 A+》（*Good to Great*）作者吉姆・柯林斯（Jim Collins）某次有機會與將軍訪談，他提出了以下提問。

「您究竟是如何熬過那段不知道能否被釋放、可能再也見不到家人、完全看不到希望的日子呢？」

面對柯林斯的好奇，將軍這麼回答。

「我始終堅定懷抱著活著離開那裡的希望。」

大部分從極惡劣環境下生還的人們差不多都是這種說法，史托克戴爾將軍也不例外。柯林斯接著問。

「那麼，是哪些人沒能撐到最後呢？」

史托克戴爾回答。

「樂觀主義者。」

這是什麼意思？這句話和他剛才的說辭豈不相互矛盾？他明明說自己「始終堅定懷抱著希望」，表現出樂觀的態度，現在居然說那些沒能倖存的人都是樂觀主義者。柯林斯一臉不解，將軍接著說下去。

「那些沒能活著離開的人，他們是樂觀主義者。剛開始他們樂觀地告訴自己：『今年聖誕節以前應該可以回家』，結果聖誕節就這麼過了。然後他們又想著：『到復活節時應該就能出去了』，復活節過去又到了感恩節，然後是另一個聖誕節。最後，有人就這樣絕望而死。」

你是不是也一樣還是一頭霧水？好像有說等於沒說？其實這段話是要告訴各位，不要把樂觀和正視事實且心存希望的理性正向思考混為一談。將軍話中的雙重性正是柯林斯在《從 A 到 A+》中提到的「史托克戴爾悖論」（Stockdale

Paradox）。史托克戴爾將軍之所以能活著被釋放，是因為正向態度的力量，無法承受囚禁生活而死去的人們是因為樂觀主義。正向態度是基於理性的信念，和樂觀主義的「盲目」是不同的。現在，大家是否明白正向和樂觀的差異了呢？

　　要提醒大家留意一件事，松下幸之助的正向態度和史托克戴爾的正向態度之間有著微妙差異，雖然同屬正向態度，但並不一樣。正向心理學通常是指史托克戴爾型的態度，就是相信一切都會順利的信念和希望。相反的，關於本書提倡的 N 型人，則是比較接近松下幸之助的正向態度。譬如在職場上需要完成某些工作時，又或是遇到某種特殊狀況時，樂於去看事件光明面、在任何情況下都願意去理解、接納的那種正向態度（雖說如此，但我並不是說史托克戴爾型的正向態度和 N 型人無關）。

　　舉個例子簡單比較一下兩者之間的差異。遭遇某種不幸時，以「這會讓我變得更堅強」的想法接受現狀，並且去看事件光明面，這是松下幸之助型的正向態度；而遭遇問題時告訴自己「一定沒問題的」，這樣的人則是史托克戴爾型的正向態度。

　　N 型人在身陷困境時會坦然接受且認同事實，會將考驗化作動力。樂於去看事件光明面的正向態度，可說是 N 型人必備的第一個條件。

o2

樂觀開朗
帶 動 周 遭 活 力 的 能 量

　　我把樂觀和爽朗視為Ｎ型人的第二條件（所謂條件的第一、第二並不代表重要性的順序）。簡單說，這是一種開朗的氣息，充滿活力。美國著名管理學家湯姆・彼得斯強調，錄用新人時要取決於他是不是一個開朗的人。這是一種軟資歷、軟實力。事實上真是如此嗎？韓國企業界出現了一個現象，在錄用新進員工時會優先錄用符合最高品德條件的人，也就是個性開朗又具備正向態度的人。人力公司以人事負責人為對象進行問卷調查，發現「個性開朗、具備正向思考方式」的人最受到公司青睞，比重占51.6%。

　　我自己做的調查結果也差不多。雖然我不是採問卷方式來完成採樣調查，但是所得到的結果和人力公司是一樣的。平時如果有想要了解或是需要採樣數據的問題時，演講場合

是我最常利用的地方。通常我都是在演講途中不著痕跡地向台下聽眾拋出問題，或是利用中場休息時間和來賓閒話家常以獲取需要的資訊，我習慣用自己的方式來統計和收集資料。有一次我問某家知名大企業的主管們：「你們最喜歡哪種員工？」通常在正式的訪談或問卷上面不太可能獲得真正的答案，倒是在休息時間或酒席上這些非正式的場合才比較能聽到真心話。在正式場合多半只能聽到「創造性人才」、「全球型人才」這類的答案，私底下人們才會老實表達想法。有位主管率先說：「再怎麼有才能，我覺得個性爽朗的新人最好！」其他的主管聽了也都紛紛附和著說，表情開朗、個性爽朗、充滿活力的態度是最棒的。

散播愉悅的能量

日本電產株式會社在日本是被喻為傳奇的知名電子零件業者[01]。

1973 年，永守重信在只有 3 坪大的鄉下倉庫帶著 3 個員工創業，30 年後成為旗下擁有 140 家連鎖店、13 萬名員工、高達 8 兆日圓銷售額的大企業。在韓國上班族之間因為《日本電產傳奇》這本書的熱賣而成為話題人物。我想，也許是書封斗大的寫著「要選就選一個大嗓門、吃飯快的員工！」這樣的標題吸引了讀者的視線和好奇心。

的確，永守社長在創業之初偏好任用說話大聲、吃飯快、

會把洗手間清理得很乾淨的人。茁壯爲大企業之後，他對員工的要求是「比別人多做一倍的工作」、「假日也進公司上班」。這種要求有什麼意義嗎？可說是「他在挑選一個人格良善的員工」，也就是說，他要的是做事積極、熱情有活力和行事霸氣的員工。

永守重信社長有他自己的一套看法。他認爲吃飯吃得快的人，消化能力也好，代表著身體比別人健康硬朗，像這種充滿能量的人因爲體力好，能比別人做更多的工作（這分明是「三段論法」）。此外，說話大聲是自信的表現，代表這種人是勇於克服難關的人；打掃特別乾淨的人是做人有正確的基本態度，不管交付什麼樣的工作都能讓人放心。他的預測實在精準，正因爲他網羅了這樣的人才，而打造了全球性的企業。

聲音大、吃飯快眞的跟活力有關係嗎？那當然。

不必搬出難懂的心理學理論，也不需要觀察研究。只要想一想你的身邊誰是這一類的人，答案自然就揭曉了。相反的，找一個吃飯慢呑呑、拖拖拉拉、說話有氣無力的人來比較看看，答案就更明確了。哪一種人比較有活力呢？

很會打掃跟業務能力有關係嗎？當然有。如果是一個會率先把不討喜的清掃工作做好的人，這個人的品性就無庸置疑了。何不試想一下你自己的家。只要想想都是誰搶先攬下清掃的工作就可以知道答案了。

事實上，在《日本電產傳奇》這本書在韓國正暢銷的

時候，韓國一家經濟月刊《*FORTUNE KOREA*》和人力公司合作，以233名韓國企業人事主管爲對象做了問卷調查。有64%的人認爲說話大聲的員工在工作上也表現得很好，有95%的人認同善於打掃清潔的員工通常都很有工作能力，叫人不得不佩服永守重信的識人功力。看來不論是韓國還是日本，做人處世的標準都是一樣的。

除了吃飯快、嗓門大的人有幹勁，有些人不管在和別人相處或是工作上，言行舉止都很有活力。不只是他自己充滿了朝氣，他的活力會自然而然地散播出去，讓周遭也充滿能量，這就是N型人。

湯姆・彼得斯（Tom Peters）在著作《*The Little Big Things*》中，如此描述他日常生活的一面。

彼得斯走在路上碰巧看見幾個工人在進行修剪行道樹，手上拿著警示旗的工人各站路的兩端指揮交通。我們也時常遇到這種情況。比方說，像是施行道路工程的時候，必定有工作人員會站在路邊管制單向通行。彼得斯在經過管制路口的時候向工作人員揮手致意，而那人也馬上給予愉悅的回應。當他走到另一端（出口）也同樣揮手招呼，結果這個工作人員卻冷著一張臉不予理會。

彼得斯下了一個有趣的結論，「那個工人可能是金融風暴時被裁員的上班族，他的太太一定因爲這樣的先生而感到困擾吧。」

這種類似的情況很常見，例如兩名客服人員或餐廳服務

生完全迥異的待客態度。我是指那種其中一人如果是明朗有朝氣，另一個人就完全相反的這種情形。我想，哪一邊應該是 N 型人就不用多加說明了。

　　總而言之，散發出你的活力吧。自我振作士氣並且拿出勇氣來，憑著一股霸氣，你就能感受到一股泉湧的活力。自我振作在腦科學上稱為「能量擴大現象」，意思是能量在往四面八方擴散。表情愉悅、說話和行為舉止都充滿活力的時候，自己本身會先感受到愉快的心情，這就是生氣、是活力。一旦身體充滿生氣與活力，自然也會感受到一種解放、清爽和自由的感覺。這時候血液的含氧量、肌肉放鬆、血管擴張、脈搏穩定、腦機能的統合性、幸福中樞的活絡等當所有的數值被提升，能量就會自然而然散發出去。這樣一來，不只是自己充滿了活力，就連周遭的氛圍也會明朗起來，人們見到這樣的人也會跟著產生愉悅的心情。

01

不論是個人還是企業，我都不大想以「傳奇」這種說法來介紹對方，因為介紹他們是「傳奇」之後，隔沒多久就關門大吉的例子頻傳。各位在本書看到這類例子時，只要看作是「當時」的成功案例就好。

O3

道義倫理

懂 得 做 人 道 理

　　若以「這個人很好」來評論某人，你會怎麼解讀呢？多數人可能會覺得是什麼都好、非常隨和的那類人吧。不過，這類人並不是「好人」，而是一個不懂人情世故、在自己的世界裡沉睡的人。

　　「我要全心全意努力去做美好的事，再也不會只想著變漂亮了。成為一個善良的人當然更好，我是真的很希望做個善良的人。」── 安妮。

　　其實她已經是一個善良的人，然而，她可不是一個「什麼都好」的少女。

　　如果再翻翻這本小說就會知道，她是一個精明能幹的

人，該說的就說、該計較的絕不會客氣。儘管如此，她從不踰越「正道」。正因為如此，她是一個真正具有良善人格的善良的人。

真摯的意義與實行的難度

做人要善良，這是基本中的基本，因為善良的人都正直且誠實。要是善良的人卻有狡猾、不誠實的一面，那一定是個假裝善良或欠缺修為的人。

為人善良，是用善意的眼睛解讀世事、以和善態度對待他人。為人善良的人懂得包容他人，並因而變得心胸寬大。因此，懂得愛人、寬待他人而心存慈悲。慈悲心是以愛、熱情、包容和寬待來真實表現人類內在之美的力量。從這樣的角度來說，心地善良即代表著有一顆非常慈悲的心，對他人的愛、熱情、包容和寬大的特性都比別人明顯。

繼法頂禪師之後，最為人熟知的佛教界作家省全大師（音譯）就曾經說過一句話。

他說保有一顆善心就像是跟著一道永不熄滅的光亮向前行，內心的善便是永遠不滅的光。如果要讓我們的人格成為人生中永不滅的光明，那就謹記要心存善念。

根據研究，小嬰兒也能夠分辨好人和壞人。包括凱莉‧漢姆林（Kiley Hamlin）在內的耶魯大學心理學者，以出生6到10個月的嬰兒為對象，研究他們判斷社會的能力到什麼程

度。學者們準備了一個樂於幫助別人的洋娃娃和另一個專門擾亂別人的洋娃娃，在一群小嬰兒面前演出一場傀儡劇。結束後立刻調查小嬰兒們喜歡哪一個洋娃娃。這些小嬰兒如果毫不關心自己的社會關係，那就很可能會隨便挑一個娃娃。然而令人驚訝的是，這些小嬰兒都表現出比較喜歡樂於助人的善良娃娃。

研究結論：「根據社會的相互作用，人類評價他人的能力並非經過學習而來。」。簡單的說，喜歡善良的人是與生俱來的本能。

連這麼小的孩子都知道善良是好的。只不過，要當一個善良的人談何容易。沒有人是一開始就想要當壞人的，也許費勁氣力想當好人卻不盡人意。

從前，有一個國王把全國學者全都叫到面前，問了一個問題。

「要怎麼做才算是成功的人呢？」

一位學者回答國王。

「不做壞事，心存善念。」

國王覺得答案太普通而不太高興，於是語帶指責的對學者說道。

「這不是連3歲小娃兒都知道的事嗎？」

學者微笑著回答道。

「是的，就連3歲孩童都懂得這個道理。只是，就連80

歲的老人家都知道想要付諸實行並不容易。」

　　大家都知道要活得正直又誠實、心存善念。可是，每個人也都知道要做到這一點有多難。

堅守倫理和道德

　　具備善良的人格並不是要你當個「傻瓜」。善良，是遵守做人的道理。誠實且正直，重視信義、倫理與道德。

　　甚至於視情況犧牲自身的利益也在所不惜，這是真正的善良。在這個險惡的世界裡堅守做人的道理是很難的。要做到守信義、守倫理，相對就要嚴以律己。要當個善良的人就是要夠果決、夠強硬。該斷則斷，不能夠猶豫不決。如果你希望自己成為一個正直、誠實又有道德觀的人，就必須變得果斷，才能夠抵抗無數誘惑，也不可含糊行事。這一切都得憑著痛定思痛的管理並克制自己才可能辦到。簡單說，對自己要夠狠。說到狠，有些人或許聯想到那種狠毒對待別人的人，但其實這並不算是真正狠毒的人。

　　舉個例子，假設有一條小巷弄裡設置了紅綠燈，但不管怎麼看都感覺沒這個必要，只是一個小巷弄，也沒什麼車輛往來，根本發揮不了紅綠燈的效用。像這種情況下，什麼樣的人會老實遵守號誌燈呢？要說他是死腦筋的人嗎？或者要說他是個傻瓜？如果我們如此看待這樣的人，那就是我們的

想法有問題。若說是這種想法和準則造成了「世越號慘案」，一點也不爲過。在鮮少有汽車及行人經過的小巷弄裡乖乖等著綠燈、四下無人卻仍然遵守交通規則的人。堅守自身原則，這就是值得效法的人格，是善良的眞義。

　　善良，是遵守原則，是落實做人的道理。

　　這就是倫理、是道德。最近令人堪憂的社會問題呈現了倫理和道德觀的淪喪。每天都在不斷發生違反倫理道德的社會案件，頻率高得令人害怕。也許有人會覺得，社會這麼混亂，我卻只顧自己的原則、遵守自己的倫理、只想著要當善良的人，會不會是不對的呢？不，可以很確定的是，當一個善良的人才是該做的事。

　　最近的企業都在高喊著「倫理經營」。如果要用簡單的一句話來形容倫理經營的目的，就是爲了「永續經營」。意思是，倫理經營才能夠長久持續的發展下去，以個人來說也是如此。以倫理自我檢視、以道德自我經營，才能做到「永續人生」。在此重中，爲了延續寶貴的人生、成功的人生，我們都應該要以倫理來經營自己。能不能成爲Ｎ型人存乎一心，心存善念就會看見人生的希望，得以追求更高層次的高尚人生。

　　安妮從皇后學院畢業後，有機會以公費生身分進入雷德蒙德大學就讀，當畢業典禮一結束，安妮就回到那久違的綠色屋頂之家，與卡修柏兄妹（馬修和瑪麗拉）重逢。兄妹兩人看起來健康狀況變差了很多，尤其是馬修曾發作過嚴重的

心臟病，身體狀況一天不如一天。

　　沒多久後，馬修驟逝。站在視自己如親生女兒的馬修墳前，安妮做了一個決定，她要勇敢擔下自己的義務，且決心要把這個義務當作是一輩子的責任。她打算放棄升學，要留在艾凡里照顧瑪麗拉。

　　瑪麗拉對安妮說：「我不能讓妳為了我而犧牲。」她要安妮去上大學。此時，安妮語氣堅定地說。

　　「這並不是犧牲。這並不會影響我心中遠大的夢想，我只是打算換一個目標而已。在皇后學院的畢業典禮上，我以為未來是一條筆直的道路，不過，這一條路現在出現了一個彎道。我很想知道，當我轉彎後，前方會是什麼樣的一條路。不知道將會出現什麼樣嶄新的風景，不知道那會是多麼美麗的景像。」

　　安妮的倫理與道德觀、義氣、正義感、自我管理，在言談之間顯露無遺。正因為如此，她的個人魅力更顯珍貴，以安妮作為典範的「N型人」也才有值得大家效法的價值。

　　N型人的第三個條件是重視信義和倫理的「良善」。字典裡對良善的解釋是：「言行或是心地善良、正直和仁厚」。只是，對於「善良」、「仁厚」，我們總有偏頗的解讀。所以有些時候「善良」被視為是對他人的污辱，被當作是「傻瓜」的同義詞。良善的重點在於「正直」，所以良善才會和倫理與道德連結在一起。

04

親切合群

關 懷 他 人

　　成為 N 型人的第四個條件是喜歡人群、合群，要能夠關懷他人並且樂於助人。仔細想一想，在公司裡、在社會生活中，哪一種人最能引起你的好感？這樣問會太抽象嗎？那就直接揭曉正確答案，如果你也同意就用力點點頭！在這世界上最能夠引起我們好感的人是對自己好的人、是喜歡自己且樂於伸出援手的人、總是禮讓且付出關懷、對自己親切有加的人。難道不是嗎？難道你會喜歡對你不好、態度惡劣的那種人？那麼，我只能說你心態不太正常。

向海豚學習親和力與合群

　　不只是人類而已，有思考能力的動物也會幫助其他的動

物。牠們會與其他的動物合作、彼此關懷和親切對待。你最喜歡動物當中的哪一種動物？因人而異吧。有人喜歡小狗，也有人喜歡蛇。我喜歡海豚（我的拿手歌就是宋昌植唱的「獵海豚」）。看海豚表演總覺得很可愛，當牠們點頭時，從正面看會覺得牠們正露出笑臉。除了這一點之外，牠們是會互相合作的動物。

海豚相當聰明，牠們的智商很高。根據英國人對動物智商的測試，第一名是黑猩猩，第二名是海豚，第三名是紅毛猩猩，第四名是章魚，比較令人驚訝的是第五名居然是烏鴉（有時候會對健忘的人揶揄的說：「你是吃了烏鴉肉啊？」不過，我看以後再也不能這麼說了）。

據說海豚的智商大概有 70 ～ 80，相當於一個 5 歲小孩的智能，這是相當高的水準。只不過，重點不在於聰不聰明而是人格，不，應該說是「海豚格」。牠們總是集體行動，互相關懷和幫助。以這一點來說，自私心重又不願意幫助別人的人，連海豚都不如（說真的，這年頭禽獸不如的人又何只一、二個）。

2014 年 6 月 30 日有個新聞報導了海豚解救受困同伴的畫面。報導中擷取了 2008 年 6 月韓國國立水產科學院海豚研究所調查小組在慶北地區的東海進行研究的影片，事隔幾年後，因為國外媒體的報導而受到國際注目。

當時海面上出現一群海豚。奇怪的是一群海豚圍繞著中間的一隻海豚。中間的海豚在水裡載浮載沉而腹部朝上，牠

似乎無法正常的游泳，早已奄奄一息。周圍其他海豚輪流把牠頂上水面，好讓牠能夠繼續呼吸，因為海豚是哺乳類，如果一直待在水裡會缺氧而死。儘管同伴們這麼努力幫忙，這隻海豚最後還是斷氣了。在那隻海豚死後，其他海豚竟然沒有就此解散，繼續圍繞著死去的海豚久久不肯離開。真是一幕令人忍不住鼻酸的動容畫面。這部紀錄片長達 2 小時，被其他國家做為「海豚類動物的互助合作」研究資料，深感於有榮焉。

海豚對同伴的關懷和彼此合作的特性本就廣為大家熟知。據說，當海豚交配的時候，其他的海豚會幫忙把風好讓牠們不受干擾。真是名副其實的 N 型人啊，不是，是「N 型動物」才對。

安妮的身上相當突顯的良善人格之一就是她樂於和他人相處。

她擅長與人交往。雖然只是一個小說人物，但這一點是相當令人意外的鋪陳。原因在於，通常在困苦中成長的人，與其說會去親近他人，反倒是傾向於迴避人群的特性比較明顯。從這一點來說安妮的親和力是與生俱來，她喜歡人群，也樂於幫助別人。

「黛安娜，只要是為了妳，我什麼都願意做。只要能夠幫助妳，哪怕是犧牲我的手腳我也不在乎。」

安妮的這句話真令人感動不是嗎？正因為如此，人們總是圍繞在她的身邊。在學校也好、在村子裡也是，大家都喜歡且樂於幫助這個女孩子。這是一種「Give and Take」，就是「你希望別人怎麼對你，就先那樣對待別人」的金科玉律。反過來說，當我喜歡和別人相處的時候，別人自然也會喜歡和我在一起。

親和力帶來好感

喜歡他人、關懷且樂於助人的具體型態之一就是「親切」。在職場生活及商務關係上，通常會以親切態度來展現對他人的關懷和協助的意願。說到親切，可能我們會立刻聯想到招呼客戶時表現在外的「意有所圖的親切」，意思是基於職務需要，只好忍氣吞聲的那種親切。親切並不是那麼低層次的東西，而是一種良善人格的流露。知名的義大利文學專家暨約翰霍普金斯大學教授的傅尼（P. M. Forni）認為，一名老師的成功與否，端看教出來的學生「有多親切」。他如此敘述了對學生講授但丁《神曲》（*Divine Comedy*）的過程中所得來的領悟。

「就算我的學生把但丁的詩詞學得很好，但如果他們在公車上對一個老太太不夠親切的話，那麼我就是一個失敗的老師。」

雖然說想要學習做人的道理就要閱讀古典文學、人文學，但更重要的是對他人的關懷、親切。

有無數人都主張親切的重要性。英國小說家亨利·詹姆斯（Henry James）說：「人的一生中有三件事情很重要。第一個是親切，第二個是親切，第三個還是親切。」愛因斯坦說：「一直以來為我指引著前方，使我得以愉悅面對人生，賦予我嶄新勇氣的三個理想就是『親切、美麗以及真理』。」可見親切的重要。此外，主張「無所有」的法頂禪師也說：「世上最偉大的宗教既非佛教也不是基督教，不是猶太教也不是印度教，而是親切。」

以上這些人從感性的角度來描述親切，而心理學家馬丁·塞里格曼透過各種實驗和調查來認證，對人親切這件事具有非常高的價值。發揮自身優點所得來的肯定感比剎那間感受到的快樂更強烈，親切的行為會帶來不同於快樂的另一種「喜悅」。

塞里格曼發現，相較於從事娛樂活動所感受到的快樂，做出親切行為後的愉悅餘韻會更加強烈。發揮自身的優點去幫助他人，不但愉悅感會持續一整天，肯定情緒會在事後帶來充實感，付出親切感的時候會讓人忘我地投入其中。

說到這裡，我們終於了解到，對他人的關懷、親和的態度以及合群的個性為什麼可以塑造良善的人格。塞里格曼的研究告訴我們，親切的舉止不只是為了他人，更是為了我們自己。

o5

意志力和控制力
堅 定 的 意 志

　　面臨危機時才能看見一個人的本質，身處逆境中才會顯露原本的人格。一個具備卓越人格的人，在遭遇危機時會清楚知道如何控制自己，即便從高處重重摔落地面，也會發揮絕佳的復元力。這種控制力和復元力其實有個啟動裝置，那就是正向的態度。人只要一旦陷入試煉與困境，自我否定機制就會很自然的蠢蠢欲動。如果陷入否定思考，就會形成惡性循環，最後很可能會深陷泥沼而無可自拔。但是，人格良善者在面臨危機時會展現驚人的控制力。在將掉進泥沼的下坡路上，他會自己踩剎車並且轉向，這就是正向的控制能力。

　　不只是面臨試煉或逆境，在日常生活中也一樣需要正向的控制力。比方說，若你是一位服務人員，在忙到沒得休息的時候，試著不要用負面的情緒感到厭煩，而是想著：「經

濟不景氣的時代，客人還這麼多，眞是讓人開心！」啟動心底的正向開關，就能立刻雙眼炯炯有神，自然面露微笑。

　　暢銷作家暨心理學家芭芭拉‧佛列德里克森（Barbara Fredrickson）建議人們，要隨時問問自己能夠引發正向態度的問題，並且給自己一點時間去感受衍生而來的愉悅情緒。換言之，我們要能夠駕馭、控制自己。佛列德里克森提醒我們，此時最好別去分析「爲什麼會產生讓人感到愉悅的正向情緒」，因爲會導致正向態度的萎縮。

意志力是成功的核心習慣

　　啟動自己的正向性是好事，只是，凡事不宜過猶不及，太過頭就等於什麼都沒做好。發揮自己的意志力把否定的思想轉變成肯定和樂觀是好的，但是太過盲目的認爲事情都會很順利，那問題就大了。適當的控制力、意志力是必須的。

　　意志力是一種堅定的自制力，有時候更是將決心付諸行動的力量，可說是實踐言語和理論的行動力。意志力是無形的精神能量。任誰都知道謙虛、正直、誠實是良善的人格，也不見得要有多了不起的能力才能付諸實行，這些認知都是一般常識。問題就在於缺乏意志力與自制力。

　　意志力和控制力對成長和成功有多麼重要，就不必再強調了。杜希格（Charles Duhigg）在著作中提到：「意志力、控制力是決定個人成功最重要的核心習慣」，不過，與其說

這是個習慣，不如說是良好的品性更爲貼切。

有一個關於意志力的知名實驗。1960 年史丹佛大學的心理學家沃爾特・米歇爾（Walter Mischel）的研究小組曾進行一場實驗，也就是《先別急著吃棉花糖》（喬辛・迪・波沙達與愛倫・辛格合著）這本書的故事。

研究人員在幾個 4 歲小朋友面前各放一塊棉花糖，並且對他們說：「你們可以吃眼前這塊棉花糖，但在我離開這裡的 15 分鐘內，忍住沒有吃掉棉花糖的人，就能再得到一塊棉花糖。」研究人員交待完畢便留下那群孩子在房間裡，然後隔著只能單向透視的玻璃窗觀察孩子們的行爲。我想像著那群才 4 歲大的孩子們大流口水看著棉花糖忍住不吃的景像，眞是讓人不忍心啊。實驗結果雖然有個別差異，但是孩子們實際忍耐的時間平均只有 512.8 秒，還不到 9 分鐘的時間。只有三分之一的孩子確實忍耐了 15 分鐘。

這個實驗之所以出名是因爲後續的發展。在那之後持續了十幾年的追蹤研究（長時間追蹤研究對象在實驗期間內的變化）。結果，發揮意志力、確實忍耐了 15 分鐘的那群孩子，在各方面表現都優於一般的孩子。其中有些人在美國大學數學智能測驗得到 210 分或是更高的分數，有些人受到師長及朋友的喜愛，發揮良好的社交性或是擅長人際關係的經營，體重方面也沒有人超重，也幾乎沒有人碰過麻藥。這場實驗的結果說明了，意志力和控制力堅定的人，人生成功的可能性也高於一般人 [02]。

意志力是堅定意志的象徵

　　我們通常會說一個意志力、自制力很強的人具有克制力，也就是毅力剛強的意思。從這樣的觀點來說，安妮正好是剛強毅力的象徵。年幼即失去雙親淪為孤兒、數度被陌生人收養當幫傭以及各種殘酷的環境試煉，她卻以正向態度、樂觀、意志力和控制力一一突破困境。她展現了卓越的人格以及與生俱來的品性。

　　毅力堅定也意味著具有不畏逆境的堅強力量。美國溝通理論專家保羅・史托茲（Paul G. Stoltz）博士以「逆境商數」（Adversity Quotient, AQ）來說明這一點。人生中有三個必要的指數，即智力商數（Intelligence Quotient, IQ）、情緒商數（Emotion Quotient, EQ）以及逆境商數，史托茲認為未來將是高逆境商數的人容易成功的時代。換言之，要在社會上求生存將會越來越艱難。

　　根據史托茲的說法，當人在遭遇逆境的時候，一般可以分成三種類型。

　　一：**放棄型**（Quitter）：一旦遇上難處理的問題會輕易放棄，然後逃避。

　　二：**野營型**（Camper）：雖然不至於放棄，但也不會積極想要突破困難，只會停留在原地維持現狀，在帳篷裡兩手一攤什麼都不管，這類型的人在社會上占 60 ～ 70%。

　　三：**攀登型**（Climber）：遇上眼前聳立的高山，會使

盡全力想辦法征服，志在攻頂。史托茲把這種能力稱爲逆境商數，這種人樂於鼓勵同伴並互相幫忙，甚至具備了願意和同伴一起排除逆境的熱情

具備高逆境商數的人，在面對逆境時會先認同並接受現狀，把危機昇華爲轉機。不管發生任何令人震驚的事情都能夠處之泰然的接受，視爲是一種既成事實，這種人的接受能力很強。然後從中記取教訓，並做爲日後精進的跳板。

李舜臣將軍便是這類型人物的代表，他是一個逆境商數比任何人都要高的傑出人士。一般人如果知道自己只剩下 12 艘戰船可以打仗，大概都會萬念俱灰。眼看敵軍擁有超過自己 10 倍的戰力，很難不感到恐慌，但李舜臣將軍還能夠自信地上奏摺告訴皇帝：「我們還有 12 艘戰船，依然有勝算」。他有極高的逆境商數和承受力，能夠在絕望的情況下坦然接受眼前的狀況。燃燒的鬥志使他決心用僅有幾艘戰船放手一搏，發揮了極爲頑強的意志，可見他對自己有無比的信心。說的也是，如果沒有強烈的自信，向皇帝上那種奏摺只不過是有勇無謀。想要把危機變轉機，就必須先接受事實，需要把逆境轉爲順境的勇氣和智慧。

前面數度提到，在現今社會上尤其重視倫理和道德觀，在這動盪、混亂的世道，如果要遵守倫理、保有道德觀，必須要具備意志力和控制力（後面章節將詳加討論「倫理」）。不過，不走上別人的後塵而獨善其身，並不是那麼容易。前陣子有個新聞，一名高官被懷疑舞弊而遭到調查機關調查，

結果自殺身亡。他在自殺前對朋友說了一句遺言：「我被惡魔的網困住了。」那是多麼委曲卻又無可紓解的心情呀。為了避免受到惡魔所誘惑，不能只是單純當個善良的人，而是必須成為能夠自我控制、毅力堅定的 N 型人。

以上所探討的五個條件就是我認為的「N 型人的條件」，這五個條件並沒有設定重要性的先後順序。而且，若要進一步詳盡說明，應該還有其他更多條件。不過，首先至少把這些牢記在心吧。不妨用來檢視一下你自己，想一想應該怎麼做才能夠讓自己符合這些條件。至於應該要怎麼做、做哪些事，將於後面詳細討論。

02
關於這個實驗，有人認為沒吃棉花糖的孩子和忍不住吃了棉花糖的孩子之間的差異並非意志力或控制力的有無，應該是對指示者的信任程度的差別。儘管如此，此實驗的可行性仍備受肯定。事實上，有意志力與自制力的人較易成功，本來就是一般常識。所謂的心理學，很多時候是以這種方式來證明大家熟知的常識。

N

第
四
章

如何成為 N 型人

N-Type 計劃

(N)

|

要如何成為 N 型人？
此章會介紹成為 N 型人最具體的十三種方法，
期盼大家能藉由這個過程成為 N 型人。
祝你成功，加油！

全球知名的成功學大師拿破崙‧希爾（Napoleon Hill）在著作《拿破崙‧希爾成功法則》中曾經敘述過一個真實故事。在芝加哥某百貨公司的顧客投訴受理窗口前有很多人在大排長龍。可以想像到滿腹不滿的客人在客訴窗口前會是什麼樣的表情、語氣和態度。大發雷霆是基本的反應，無理取鬧、憤憤不平甚至於破口大罵的客人都有。但是，不論眼前客人的言行多麼激烈，負責客訴窗口的一個女服務員竟能完全不為所動，始終保持溫和笑容誠摯處理客人的投訴。

　　每當有客人來到窗口投訴不滿的原因，女服務員旁邊的另一個人員就會迅速的抄下內容（過濾掉辱罵之類的內容），然後交給這位女服務員。女服務員會根據投訴內容，冷靜而親切地帶著不滿的客戶去找部門負責人，別人都做不久的高壓工作，她卻能發揮驚人的意志力來完成。為什麼她能做到？是因為她有過人的品性？經過打聽才知道，原來她是一個聽障人士。

　　希爾親眼見到這一幕之後，從那天起每當他對於別人說的話感到生氣時，就會想起那位客服小姐，並做好情緒管理。

　　除非不得已，不然怎會安排一個聽障人士來擔任客服人員呢？可見要安撫一個正在氣頭上的人根本是超高難度的挑戰，勢必需要具備極高的意志力。這是一份十分艱難的工作，尤其是面對民族特性上容易「動肝火」的韓國人。

　　儘管如此，現在的百貨公司不會讓一個聽障人士來擔任客服員，這麼做很容易引發社會問題。不過，我們還是可以從那位客服小姐身上學到教訓。不只是在百貨公司工作，在任何一個職場，如果你想做好自己的工作，那就至少要有這種程度的自我管理能力。有時候要能夠充耳不聞，特別是工作上著重情緒管理的人，更需要這樣的能耐。

01

了解人性
如何改變你自己

　　在第一章曾提到，形容人性的用詞有二種，個性（Personality）和人性（Character）。而且，這二個詞有時用來指相同的意思，有時則不同，因此容易讓人混淆。目前為止我並沒有刻意區分人性和個性，而是視情況混合使用。但是，從這一章開始就有必要分開來說明。

　　在此章節，當我提到「人性」時，指的是「廣義的人性」，但在用於指狹義意思的時候，則會將個性與人性各別說明。

　　那麼，人性究竟有沒有可能改變？這就是重點。如果不能，似乎也就沒有理由繼續往下看了。很多研究學者認為，塑造人性的要素大部分是與生俱來，以下先看一下其中幾個人的主張。

　　彼得‧杜拉克（Peter Drucker）主張管理能力、領導力、

企業家精神等大部分的能力都是可以透過學習而來，不過，他在著作《彼得‧杜拉克的管理聖經》中也提到：「像誠實、正直或言行一致這種特質不可能經由學習而來，也無法在別人面前隱藏。」

聞名世界的潛能開發大師卜廉‧李（Blaine Lee）在著作《與影響力有約》中曾說人類不可能被改變。他說有時候在職場上見到一些執行業務的人，心裡會想著有沒有什麼辦法可以像修理故障收音機一樣，好好地修一修那些人，但他認為這是不可能的。

除此之外，有些學者主張人類與生俱來就有樂觀和悲觀的特質；天性樂觀者即便遭遇再大的不幸也不會輕易喪失樂觀的態度；相反的，悲觀者即便幸運當前也只會開心一下子，很快就又回復到原本憂鬱的個性，學者認為試圖改變這一點只是徒勞無功。甚至於，瑞士的蘇黎世大學研究小組下了一個結論：「良善正直者的大腦構造本身就不一樣」。

聽到類似這些主張，會讓人覺得好像人性是絕對不可能導正的，不過，他們其實也不是一味堅持極端的主張，多少還是留有一些餘地。我們假設人性真的不可能被導正，也許有人會覺得前途茫茫、也許有人會就此喪失活下去的意志。米哈夷‧契克山特米哈夷（Mihaly Csikszentmihalyi）在著作《生命的心流》裡說：「如果這種主張千真萬確，那麼我們一直以來為了想要改善人生而做的一切努力，都只是白費力氣。」他要說的是，我們所做的努力不會是一場空，他相

信是可以導正過來的。

人性是可以改變的

　　學者專家的主張就先放在一邊，我們要以常識的角度來思考「人性」。以結論而言，人性中有其改變不了的固有氣質，相對的，也有可改變的部分。俗話說：「江山易改，本性難移」。話雖沒錯，但也只是難改，而非不可能改。諸多論者把個性與人性區分而論，無法導正的部分是人性，而可以導正的部分則是個性。但是，我不認為能夠劃分得這麼乾淨俐落，人性可不是個具體的東西啊。

　　即便是人性，也一定有能導正的部分，而個性必定也有無法導正之處。一個人的為人、人性、品性絕對會有不管怎麼努力都改變不了的地方。

　　絕對改不了的部分，我稱之為人性的「核心」。也就是屬於這個人本質的核心根源，這當然不會變化。但是，其他部分是能夠隨著環境或後天努力而改變，這麼想是比較合理的。更何況，甚至人類的基因都能隨著環境而改變。

　　我們有時候會用「磨練」來形容改變人性的努力過程。人的品性不會因為經過磨耗（磨練的過程中必定會造成磨耗）就能夠接近核心。如果一個本性惡毒的人經過一番訓練而將惡毒本質顯露無遺，這並不是在磨練。正確來說，磨練並不是在「磨耗」，而是在覆蓋，就像是把汽車重新烤漆一

樣。所以，並不是多加磨練，真實的本性就會顯現於外，而應該說本性被想要展現於外的優質特性給包裝起來了。

成為 N 型人並不是要你連本性（核心）都要改變。有誰會想要這麼做呢？就連自己也不見得真正了解自己的本性。而且，世上有幾個人會主動認為「我的人性很差」或是「我的性格不好」？即便願意承認自己的性格不好，卻不會認為自己是「糟糕的性格」。頂多會強辯那是個性。人總會對自己特別的寬待。正因為如此，不管是人性還是性格才如此難以轉變。

但願你不會陷入過度不切實際的樂觀主義當中，也許你確實優於常人，若真是這樣則再好也不過。另外，也不要陷入像是「性格永遠不可能轉變」這種悲觀主義當中。你要冷靜判斷自己勝過別人的強項以及不如別人的弱項，然後藉由教育和訓練、修養和修行，努力蛻變成符合公司需要的人才，成為自己心目中理想的人。人性絕對可以導正，也一定能夠轉變。

02

N 型人的特徵

應 該 強 化 哪 一 種 性 格 ？

　　前面提到人性中的「本質」是不變的個人特性，比方像是與生俱來的氣質。當氣質變成更具體的形態就成了個性。自古以來，哲人就已經針對個性做種種議論。希臘哲學家柏拉圖很早就把性格分成五大類，並且主張環境的影響會突顯與生俱來獨特的一面。

　　在關於個性的探討當中，由著名心理學家保羅·哥斯（Paul Costa）與羅伯特·麥克萊（Robert McCrae）共同提出的「人格五大特質」（Big Five personality traits）是較爲全面且具可信度與利用價值的分析模式，以五大類精簡扼要點出特性，可說是最正統的主張。

五大特性與 N 型人

　　五大特性分別是外向性（Extraversion）、神經性（Neuroticism）、誠實性（Conscientiousness）、親和性（Agreeableness）、開放性（Openness），一個人擁有什麼樣的個性，會依據性格特性的比率而不同。舉例來說，外向性高，代表這個人擅長與人為伍且散發熱情，反之則表示是不喜歡與人相處。神經性是與壓力、憤怒或憂慮相關的特性，誠實性是屬於腳踏實地朝目標努力的類型。此外，親和性高代表著願意相信他人且對人親切友善，反之則是不太合群且容易對他人產生敵意。開放性高是有創造力與獨創性，反之則解讀為較重實用性且作風保守。無法斷定哪一個特性好、哪一個不好，因為各有各的優缺點。

　　那麼，目前為止一再討論的 N 型人應該具備哪一種特性呢？你可以偷瞄一下剛才提到的五大特性，你也許會覺得「神經性」有點奇怪，光是字面意思就叫人神經緊繃。如果神經性的數值高恐怕不是什麼好事，所以還是謝絕為上。

　　「外向性」倒是很值得注目，這和前文頻繁提及的「正向性」、「幸福」和「活力」有著深切的關聯。外向的人都比較屬於社交傾向，會花很多時間在社交活動上面，喜歡聚會，很容易交朋友，也很愛講話，隨時都充滿活力。這種正向的社交性格，因為比別人更容易變得開心、熱情、興奮，所以也比較容易感受幸福。話雖如此，但並不意味著內向的

人就與之相反。外向的人比較容易情緒激動，雖然容易結交朋友，卻也容易與人發生衝突。左右人際關係品質的是親和性而非外向性。

不論性格的特性為何，問題是要怎麼修正特性，如果天生的性格「不怎麼好」，該如何強化不夠好的特性，這才是重要的課題。我們需要的是一個整體性的計劃和策略，以達到成為 N 型人的目標。

自己的性格是屬於哪一類、與 N 型人之間有多少差距、應該修正哪一點、應該繼續保持下去的是什麼，各位不妨透過以下的筆記方式，確實地自我檢視。因為，了解事實並且解決問題是一切的先決條件。

我的性格分析

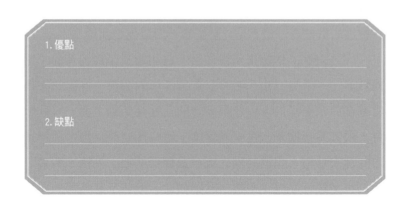

1. 優點

2. 缺點

03
開朗的表情和人格
印 象 與 人 格

　　接下來就來談談，為了養成 N 型人，我們應該如何開始具體實行。首先，讓自己保持明朗的表情。經營學大師湯姆·彼得斯曾說過錄用新人的時候，最好是雇用呈現開朗感覺的人。一個人散發開朗和愉悅的氣息非常重要，這就是軟實力。彼得斯在著作《*The Little Big Things*》當中提到：「在一個組織裡，能夠把陰鬱氣氛轉變為愉快氛圍的製造者越多越好。人們喜歡表情開朗的人，組織中有這樣的人存在，氛圍就會完全不一樣。」古典經濟學家、也是提供資本主義理論基礎的思想家亞當·斯密（Adam Smith）同樣也很重視愉悅氛圍和開朗性格，在著作《道德情感論》中說：「再沒有比開朗更好的特質了。」

　　愉悅和開朗對於「人格」的養成非常重要。在第三章「N

型人的條件」中討論到了人相、笑容等。在此章節要詳加了解開朗的表情、愉悅的印象與人格之間的關係。

首先，我們來做個檢驗。檢驗對象是你的鄰居。在上班或下班途中，可能都會在電梯或樓梯間裡碰面。以大都市來說，在同一棟大樓住了 3 年，但是鄰居之間見了面卻態度冷漠的情形司空見慣。以我自己的經驗來說，即便已當了 5 年的鄰居，見面卻還是互不相識。原因很簡單，大家都懶得「理睬」對方。

「理睬」是什麼意思，比如像是上下電梯的時候跟對方打個招呼。打招呼並不見得一定要像小學生一樣非常禮貌的九十度鞠躬，也不是要你大聲的說：「你好」。眼神的交會是一種理睬，輕輕微笑也是一種理睬。只是，有些人明知對方是隔壁鄰居卻裝作沒看見。甚至於對方主動打招呼卻置之不理、面無表情（不知道各位知不知道，總是面無表情的人當中，有一小部分是心中完全沒有罪惡感或根本不懂得良心譴責的性格障礙者）。簡單的說，像這種人是「沒教養」的人，個性冷漠、陰鬱。

那種人的人格會是怎麼樣的呢？透過心理測驗或人格檢視表或許可以找到不錯的答案。只是，這種檢視數值沒有什麼實質的價值。重要的是旁人對他們人格的評價，也就是表現於外的印象才是當事人的人格。有時候比起心理層面的測驗，評價外在的表現會更貼近事實。

印象即是人格

　　經常擔任知名藝人的辯護律師、曾主持過電視節目並出席戲劇節目而打開知名度的李在晚律師，有一次他談到擔任選美大會評審的經驗。「進行到泳裝項目的時候，大家都看起來差不多，幾乎快認不出誰是誰了。她們都很甜美，身材也是無懈可擊。不過，當她們穿著泳裝一個個走向評審台時，所散發出來的感覺就差很多了。臉上的表情和走路的姿態已經決定了勝負。」他說，優勝者臉上的表情與散發出來的氛圍，跟落選者完全不一樣。

　　聽到他這麼說，也讓我想起之前面試新進員工的經驗。我在公司當過幾次面試官，在面試的時候，我也是只消看一眼推開門走進來的應徵者，心裡差不多就有底了。

　　我不知道要怎麼向各位說明這種感覺，只能說，當我一眼看見對方就能從對方的臉和態度、氛圍大致可以判斷出這個人的性格或為人。

　　說到面試，大家或許會想到的是「回答」各種問題的過程，認為這是考驗應徵者能否有智慧的回答刁鑽或犀利問題的測試。事實上，最近的面試的確是用這種方式來了解對方的才華或爆發力。不過，事實上連「回答的內容」都有可能基於你給人的印象而讓面試官有不同的解讀。比方說，呈現出正直誠實印象的人，面試時若不小心說錯話，面試官可能會認為：「這個人好像沒什麼心機。」相反的，若給人狡猾

印象的面試者若回答的很不錯，這時面試官可能會認為：「這個人很精明」。

有些 CEO 認為在面試時的對話面談本身並沒有意義。因為在畢業之前學校會指導學生相關的技巧，學生早已受過豐富的「訓練」。在面試的時候反而會特別注意對方的表情和談吐、舉止等整體印象，如此判斷一個人更有效率也比較正確。

說到一個人的面相，當然最重要的部位就是臉，在此並不是指長相的美醜。人的面相既複雜又微妙，撇開長相好看與否，個人的內在會反映在臉上。俗話說：「顏面反映內在，體態反映生活狀態，態度反映心思，聲音透露情感」。也就是說看一個人的臉大概就能知道這個人的性格。當然，只看一個人的長相不可能完全了解到一切細節。有些人認為以貌取人是不對的，有人或許面惡心善，有人外貌出眾卻有可能是整出來的，真正的壞人也不見得長得兇惡。

某種程度的誤差當然無可避免，不過，人們往往在初次見面時會直覺地透過長相來判斷對方的性格或為人。為什麼呢？因為可能是根據自身長久以來的經驗來做此直覺連想。

總之，人的面孔是個人德行的一部分、是個人的精神史。美國總統林肯曾說：「人一旦過了 40 歲就該為自己的長相負責。」只不過，這是古早以前的說法。等到 40 歲就已經太晚了。差不多在高中生的年紀就可以從面孔看出這個人的內在，因此 20 歲就應該要為自己的長相負責了。

「我的祖宗八代就是長這副尊容，我能怎麼辦？」或許有人是這麼想的，但是，面相隨著你自己的心態可以完全不一樣。如果內心充滿了不滿，臉上自然是一臉憤慨，用鄙夷的眼光看世界，那麼想法也會跟著扭曲。當習慣成自然，久而久之面相也改變，讓自己的內心世界在臉上顯露無遺。

給人好印象的方法

擁有和善的面相，自然會吸引他人接近，福氣接著來、好運也會隨後降臨，這是再簡單不過的道理。那麼，面相是天生的嗎？大部分是如此。不過，面相確實是會改變的。你可能也見過很多富家子弟到了中年受盡苦難後歷經滄桑、一臉貧寒的情形。

要怎麼做才能有好的面相？很簡單。常常面露笑容可以改善面相。被喻為「韓國首位面相學博士」的朱善熙教授說：「能夠讓面相散發出美麗的色澤，最重要的是要有『德』。」這和哲學家阿莫士・奧爾柯特（Amos Bronson Alcott）的名言：「面孔是德的一部分」是同樣的意思。換言之，想要擁有好的面相，最根本的對策是要多多積「德」。根據朱教授的論點，德可以分為陰德與陽德。陽德是張揚自身善行所累積的德，相反的，陰德是默默行善而累積來的德。想要有個愉悅、開朗、幸福的面相，就要多積陰德。也就是要做個謙遜看待生命、凡事感謝、關愛他人及大自然的善良之人。不

是要你像傻瓜般沒有主見，而是秉持堅定信念和價值觀，並且以德待人。還有，要時常抱持正向思考、開心地去做每件事、保持笑容。像這樣積存德行且使之生活化，臉上就能常保喜樂與快樂的紅光，面相會跟著轉變，福氣也會跟著來。

眼睛是最能夠代表個性的部位，也是如實呈現真相最重要的部位。觀察一個人的眼睛的細微變化，大致就能猜到這是一個什麼樣的人。眼神晶亮、有光彩的人，臉上也會充滿明亮的氣色。眼睛是臉的核心，是心靈之窗。湯姆‧彼得斯特別喜歡眼睛晶亮的人。他說：「我希望大家都了解『一雙晶亮的眼睛』在你決定雇用一個新人的時候是多麼重要的關鍵。特別是像飯店或是餐廳的服務人員，眼神會散發決定性的影響力。」

不知道是不是因為大家都意識到這一點，現在很多人都會戴上讓眼睛看起來有晶亮效果的隱形眼鏡，不過，若是太誇張，眼神反而看來不友善。如果想要有一雙給人好印象的眼睛，就要用善意的眼睛看待世界，用充滿好奇的眼睛去觀察周遭。如此一來，眼神便會散發善意的光彩。

面相雖然是與生俱來，不過，歲月的累積也會改變我們的面相。常行積德之舉，並且平常做好表情的管理都有助於改善的面相。不僅如此，表情有一種立即性的效果。雖然不可能一夕之間改善面相，但是我們可以立刻轉換表情。幾千次、幾萬次的練習轉換和善表情，那些愉悅的表情會逐漸形成和善的面相，最終，大家也會認為你是一個具有良善人格的人。

o4

人格與職業觀

如 何 看 待 工 作 ？

　　開朗表情、愉悅面相是能夠刻意做出來的，但是持續不了多久。騙得了一時，騙不了一世。告訴自己「要時常保持開朗」，強迫自己在別人面前不論生氣或傷心都要保持笑容，但是，內心可能正在腐敗，結果導致生病。日本樟蔭女子大學心理學教授夏目誠提出所謂的「微笑面具症候群」（Smile Mask Syndrome），這是容易發生在工作著重「情緒勞務」（Emotional Labor）者的症狀（其實內容是一般常識，重要的是由誰率先命名）。在壓抑自身真實感受的情況下服務顧客，可能會導致情緒失調，造成嚴重的心理壓力。不但整個人會變得憂鬱，連食欲、性欲也都會受到影響，嚴重者甚至會產生自殺傾向。

　　想要持續保有開朗的表情、愉悅的面相，需要的是更高

層次的方法。如果要成為不輕易受到憂鬱症等疾病牽制的 N 型人，你必須要為自己的工作和職業訂定一個堅定的基準。而且，要有明確的意識。如果做不到這一點，人格的「開朗性質」便會消失得很快，笑容不再。這樣一來，遑論要拿出好表現、符合公司期待，自己本身也會陷入嚴重危機。現今幾乎所有的上班族都離不開「情緒勞務」，在打造好的面相之前，我們需要先對自己的工作有一個堅定的意識和信念，才是打造好面相的基礎。

如何看待工作與職業？

關於該如何看待、接納工作，有各種不同的意見，在此先從「天職」的角度來切入。我們都希望自己的工作是上天安排的天職。天職在字典上的解釋是：「適合自己的職業或是職責」。另一個說法是「天生註定的工作」，這個說法似乎更有實在感。也就是說，天職就是非你莫屬的工作，有如命運般來到你的身邊、吸引你專注投入的工作。

除了主張天職是以「我」為中心的主動型職業觀，也有被動型的職業觀。也就是說，不管你喜不喜歡、是哪一種工作，都要把它當成是上帝所賦予的神聖宿命。十六世紀的宗教改革家馬丁·路德（Martin Luther）與約翰·加爾文（Jean Calvin）認為無論什麼工作都有其靈性的重要性，不管是神職人員或鞋匠都應該要投入自身的工作，這是人們為了贏得

神的眷顧、提升人類福祉而貢獻一己之力的「宿命」。結論是，人要滿足於天生被賦予的職業。即便是命運乖舛、生來就是奴僕，這也是神的旨意，只得努力把工作做好。

如上述，「宿命論」充滿了濃厚宗教色彩，而「角色論」則是主張向現實妥協。人生如同戲劇一般，有不同的角色，所以要忠於自己的那一份工作。戲劇中有主角也有配角，要忠於自身的角色，而能從中感受到無比的喜樂。相反的，如果一味鄙夷自身的角色、覬覦別人的角色，那就只能痛苦了。如果不願意認同和接受自己的角色，只會讓自己變得徬徨無助。不管是什麼樣的角色，如果能夠謙虛、心存感謝的接受，不與他人作比較，我們就能夠好好地演出。

天生沒有四肢卻奔走世界各地賦予人們希望、傳遞幸福的尼克‧胡哲（Nick Vujicic）也肯定角色論。

「就算是全世界的人嘲笑我，我也不會有絲毫動搖。因為每個人都必須忠於自己的角色。」

儘管如此，宿命論和角色論仍然不免與現實有所抵觸。比方說，你可以找一個在購物商場工作的臨時工或是在惡劣環境裡工作的低工資工人談談宿命論和角色論。他們聽了說不定會表現出嗤之以鼻的嚴重抗議，「難道老天爺真的要叫我一輩子做這種工作、認命的演這種角色嗎？」基於考量人們的這種抗拒和苦惱，最近這些論點開始慢慢地轉換說法，

鼓勵人們在工作上找出個人的、社會的「意義」並且投入貢獻。此處所指的意義可以解讀爲付出後的回饋或是價值。

羅曼・柯茲納里奇（Roman Krznaric）在著作《如何找到滿意的工作》中提到澳洲的禮儀師特佛・丹（Trevor Dean）的故事。做過冰箱修理工人、店員等各種工作的丹，有天聽了一個在太平間當實習生的朋友的故事後，決定成爲一名禮儀師。丹自己也知道，禮儀師這個職業和人們一般認爲的正常職業有很大的距離。當別人得知自己的職業時，通常人們都會露出驚訝的表情。現實生活裡不會有人嚮往禮儀師這個行業，這一點在不管那個國家都一樣。然而，他在這份工作中找到了意義。

> 「我的工作是送人們走完人生的最後一程，我待他們如同對待自己一樣真誠。因為這樣，有很多家屬事後會寫信來謝謝我。這是我從事這份工作一個很重要的理由。」[01]

如同丹在工作中看見意義和力量、價值，這樣的情形稱爲「工作塑造」（Job crafting）。這個用語據說最初是出自三星經濟研究所首席研究員任明紀（音譯）的報告書「工作充滿樂趣的改變」當中。工作塑造是指將自身工作上的否定意識予以稀釋，積極突顯出重要的意義，找到正面的價值。換言之，就是把工作的目標以更遠大、更有深度、更廣闊的角度來重新定義。如果能夠找出或創造出自身工作的意義，

不僅自身意識得以轉變，並且會更積極投入工作，而帶來理想的改變。最終，也會自然而然地呈現在他人眼前。

改變職業觀才能改變人格

莎士比亞有一天到倫敦郊外的某家餐廳用餐。當他一走進餐廳，裡面所有的客人立刻起身向他致意。這時，在角落打掃的一個服務生看到這景象卻放下手上的掃把，重重嘆了一口氣。莎士比亞聽見嘆氣的聲音，便問服務生：「你為什麼要嘆氣呢？」

「您是一個這麼受到大家敬重的名人，我卻只是一個清掃您腳印的服務生而已。」

莎士比亞聽了便這樣對服務生說。

「年輕人，你不需要這麼想。我用筆以美麗的詞藻描述出這宇宙的一部分，而你卻是用掃把讓宇宙的一部分保持美麗。」

這就是工作塑造。大文豪一席真誠的安慰應該是讓那位年輕的服務生有所領悟了，他或許也從自己的工作中找到了意義。要大家透過工作塑造來轉換認知，並不是在教大家要安於現狀，或是降低自身的標準來自我滿足。

與其總是感到不平或徬徨、承受負面壓力，不如積極地為眼前的問題思考解決對策，向更好的明天前進。只要找到

了意義，自然會爲自己的工作多作思考、更加用心。這麼一來，看待工作和對待他人的態度和行爲都會跟著不一樣。當我們終於跨過這個階段，總有一天，你會坦然接受自己的工作是上天賦予的角色、宿命和天職。

縱然發掘自身工作的意義很重要，但在找到意義之前，我們就已經承受著痛苦。即使告訴自己：工作本身就是樂趣、要心存感謝，但現實並不盡然。早上起床去上班就是一個壓力。不僅如此。如果所有的事情都很順利那就再好不過，但更多時候是事事都叫人傷腦筋。對薪水不滿、與上司或下屬相處也讓人不開心。尤其是受客人的氣，沒遇過的人很難想像那種心情。當工作帶來的痛苦遠遠超越樂趣和意義時，又該怎麼辦？

關於這一點，心理學家米哈夷·契克山特米哈夷提供了幾個解決的對策。第一，假如工作讓你感到厭煩和痛苦，即便經濟狀況不允許，最好還是趕快辭掉那份工作。契克山特米哈夷認爲以長遠的眼光看人生，就算物質上有所不足，但從事自己真正想要的工作會比較好。只不過，從現實面而言換工作談何容易。俗話說：「爲五斗米折腰」。世上能有幾人是從事自己想要的工作？

既然如此，還有第二個方法。倘若真的沒法換工作，那就轉換自己的想法。契克山特米哈夷提到主導猶太人大屠殺的納粹黨官員阿道夫·艾希曼及其部下，作爲奪走無數人命的冷血殺手，他們會自我辯解：「我只不過是在做我的工作」

來減輕心理負擔。雖然難免讓人不寒而慄，但並不難理解他會舉這個例子的用意。旨在勸告人們，不論你多麼厭惡自己的工作，一旦改變想法就能成功做到戲劇性的轉變。如果你能夠理解自己的工作對公司整體的影響力，就有可能做到令人印象深刻的變化。如此一來，就能成為發自內心展現熱忱對待顧客的優秀服務人員。

契克山特米哈夷希望人們要反覆自問：怎麼做才能夠有這樣的變化，哪怕只是一點點也要讓工作變得有價值。人們普遍花很多時間在思考刪去不必要細節的方法，但不一定要這麼做，如果願意花時間找出把工作做到更好的方法，工作帶來的快樂也會相對變大，更會提高成功的可能性。

想必你的公司應該會希望你能夠遵照上述的第二個方法，即便有嚴重的壓力和痛苦，也可以轉換心態，從工作中找到意義並真誠努力去做。萬一你實在是做不到這一點，也只能建議你選擇第一種方式。離開現在的崗位，尋找真正想要的工作。

要改變一個人的氣質和性格並不是簡單的事。但是轉換職業觀、轉換對工作的認知，態度和舉止就會跟著改變。當人們看見你不同於以往的態度和舉止時，他們就會對你另眼相看。

01

說來也巧，看完這本書後沒多久，當時我正在處理母親的葬禮，在首爾遇見一位禮儀師，他對於工作意義、樂趣及價值的觀念，跟特佛簡直是如出一轍。或許是那位禮儀師也看過這本書吧。

o5

想法的轉換

用 善 念 看 世 界

　　所有的事情都是一體兩面，有負面就會有正面。正面的角度能夠讓人在困境中心存感謝，因而得到幸福，討厭的人看來也沒那麼厭惡了。偉大的蘇格拉底是正面思考的代表人物。每一次只要聽到他和素有惡妻稱號的妻子之間的小故事，我就會忍不住會心一笑。

　　幾個學生向蘇格拉底問了一個關於結婚的疑問。

　　「人一定要結婚嗎？」

　　蘇格拉底微微一笑，回答學生的問題。

　　「是呀。娶了一個好妻子，一輩子幸福美滿；娶了一個惡妻，她會讓你變成一個哲學家。」

　　又問：「你怎麼能夠忍受家裡那個惡妻？」

蘇格拉底是這麼回答的。

「越厲害的騎士就越要騎難馴的馬。如果連最難騎的馬都馴服得了，那麼要騎其他的馬就根本不成問題了。如果我能馴服妻子，天底下就沒有我應付不了的人。」

真可謂「絕對的正向」。蘇格拉底的言下之意就是，所有的事情端看你用什麼樣的心態來面對。善意的眼光能看見好的一面，負面的眼睛當然只能看到邪惡的一面。

改變想法的偉大之處

2013 年 10 月，首爾市區內的計程車基本費用調漲。從原本的 2,400 韓圜調漲到 3,000 韓圜，以車程計算的話，原本是每走 144 公尺計費 100 韓圜，現在變成每 142 公尺收取 100 韓圜。基本費調漲的第二天，我搭上了計程車，司機是一位年紀約莫 60 出頭的中年人。行駛一段路後，我主動打開話題和司機閒聊。

「昨天計程車的基本費調漲了，司機大哥是否覺得滿意呢？」

說實話，我其實是為了讓司機先生保持愉快的心情才會找話題跟他閒聊，通常我會跟司機閒聊以示友善，希望司機能夠一路遵守交通規則而不要暴力駕駛。不知道別人是不是也跟我一樣？

沒想到我話才剛說完，司機大哥一開口就劈哩啪啦地一陣牢騷。臉紅脖子粗地扯開嗓門，他氣憤說道。

　　「那些可惡的政府官員，這樣能算是漲價嗎？才多個600塊錢，騙小孩啊！」

　　說完就拿了一張清楚比較調漲前後的「費用換算對照表」湊近我的臉，然後搬出所有能罵人的字眼來謾罵執政者、批評政府。最後，連總統都被他一起罵進來。大概半小時車程裡，司機大哥發洩了他所有的不平和不滿，好像把我當作是執政黨的代表人似的。我自己沒事找事，早知道就不應該和司機攀談，只得一路乖乖坐著聽他發牢騷，更要忍著怕司機情緒激動發生事故的不安。等到終於抵達目的地，我快手快腳地拿了司機遞過來找零的錢，飛快逃離了計程車！

　　一路聽他發牢騷，雖然像是一場酷刑，但是我也不免猜疑計程車費用的調漲似乎有某些不合理的地方。我在想，政府在這個部分是否只是紙上談兵、行政過於草率。過了幾天後，我又搭了一次計程車。這次是一名年約40出頭的年輕司機。怕司機心情不好，內心藉故開聊的本能又自動啟動，我因為已經有前車之鑑，便直接問正在開車的司機。

　　「聽說計程車費用調漲了，可是那麼一點錢簡直是杯水車薪、無濟於事嘛，既然要調就一次調個夠，怎麼可以這個樣子呢？那些政府官員也真是的。」

　　結果，年輕司機用平穩的聲音回應我。

　　「不會啊。我覺得不能這樣想。這樣已經算不錯了，不

無小補啦。以我們司機的立場來說當然是越多越好，可是這樣對於搭計程車的市民來說會造成負擔。我倒是覺得政府夾在市民和計程車業者之間，這次的調漲他們已經算是考量得很周全了。」

什麼？這又是什麼情形？反而是我變得有些不知所措。我像是急忙要為自己辯解似的接著說道。

「前幾天我遇到一個計程車司機，他對這次的調漲很不滿意，對著我罵政府罵了好久。」

於是我把從那位司機那兒聽來的不平和不滿大略轉述給年輕司機聽。安靜聽完之後，司機像是要對我曉以大義似的開口說道。

「滿口抱怨的人是怎麼樣都不會滿足的，總是忙著謾罵。這次調漲對我們來說的確有幫助，這是事實。政府必定也有他們的難處。我們應該要試著去理解別人的立場，要知足啦。」

哇！這個人簡直是心如明鏡。反倒是之前遇到的那位司機，不知是不是因為上了年紀的關係，說的話乍聽之下好像洞察世事，眼前這個年輕司機，照理來說正值血氣方剛，應該是滿腹的不滿和牢騷才是，結果竟然相反。那一瞬間讓我明白了一件事，原來「人生的智慧」和年紀完全無關。不知道為什麼，聽完年輕司機的一番話我感到十分愉快。

感覺世界突然變得好明亮。到了目的地的時候，除了找零的錢，我還多拿了一張千圓鈔遞給司機，並且祝他有個愉

快的一天。

　　我看過很多談論正向態度的書，內容會介紹很多為什麼人們需要擁有正向態度的例子，只是我沒有想到自己會親身經歷像這樣讓我印象深刻的例子。

　　前者與後者，這就是確實的人格差異。很可惜公司在面試新人的時候，沒辦法用這種方式不著痕跡地測試。後者的人格顯得特別優秀是一定的。為什麼會覺得優秀？因為他對世事抱持正向態度，願意去看事件的光明面。因為如此，他的生活必定充滿了光明，容易感到幸福。也許謀生不易，但是相信他一直都很努力的生活著。不論任何時候，相信他都是以最大的真誠在服務顧客。或許現階段他的經濟狀況不是很好，不過，我相信總有一天幸運會降臨在他身上，迎來幸福快樂的日子。各位覺得呢？

讓扁桃核保持愉悅狀態

　　為什麼同樣的情況下，有人可以很正面，卻也有人想法負面？也許是想法本身是一個原因，但也有可能是人格的問題。據說以腦機能來分析原因的結果，發現原來是扁桃核的關係。

　　扁桃核是直徑約只有15釐米的杏仁核狀的神經組織，也被稱為「扁桃」，在大腦機能中佔有重要的地位。主要執掌快樂與不快樂、喜歡與討厭等感受，並且參與記憶的工作。

扁桃核又稱為「運氣之腦」，原因是扁桃核另外還有暗示正向或負面態度的機能。舉例來說，早上醒來，如果扁桃核傳遞的訊息是「今天又得要應付難纏的客戶了」的負面暗示，等於也就決定了一天的運氣。扁桃核若是以負面狀態開始一天的生活，可說是再糟糕不過了。這時就要趕快透過正向的自我暗示，告訴自己「今天是美好的一天」、「一定會有很多好客人」等，讓自己保持愉悅的情緒，將一天的運氣變成「幸運」。

　　當扁桃核經由正向暗示的心理調節保持最大的愉悅感，身體就會發生驚人的運作。當愉悅感傳達到與扁桃核連動的上丘腦，會使得全身的自律神經與荷爾蒙產生變化。尤其是藉由荷爾蒙變化促使腦內充滿多巴胺，使人不管遇到什麼事情都會往正面方向思考。

　　該怎麼讓扁桃核處於愉悅狀態呢？最好的方法是「感謝」。心中滿懷感謝的時候，大腦會完全沉浸於幸福感當中。當「大腦」這個超級計算機在感謝某一件事情時，會產生安心感，脫離自我防衛感，製造百分百的愉悅感。

　　或許是因為這個原因，最近常見到企業在員工職訓內容中增加了「感謝」的項目。根據調查，即使調高薪資、提升員工福利，多數員工還是有諸多的不平和不滿。這才發現反而是給得越多，要求也越多，更增加了不滿（會吵的孩子有糖吃？）。於是企業高層才會想在提高薪資及福利之餘，另一方面應該要透過「感謝訓練」來提高員工的幸福指數。關

於「感謝」將於下一章節有詳細的探討。

　　不平、不滿的人對於這種訓練可能會有另一種負面思考，認為：公司是因為不願意再給更多的福利才用這種騙小孩的把戲來耍我們，以惡意的眼光來扭曲公司的作法。其實不需要如此。不妨以善念來對待，換一個想法，唯有如此人格才會變得良善、誠摯。

　　那個年輕司機用善意眼光看世事的態度是多麼可敬啊。現在就轉換你看待世事的想法吧！實驗一下，說不定你是下一個蘇格拉底哦。當然，但願你不必像蘇格拉底一樣受惡妻的氣。

06

性格改造與感謝

從 人 生 與 工 作 中 找 到 感 謝

「啊，活著真好！」──安妮

　　這句話是小說的精彩之處，代表了生命本身是美好的，能夠活著就是幸福，是一件值得感謝的事。日本知名的潛能開發專家西田文郎最叫人印象深刻的論點是追溯祖宗的人數，佐證我們的存在本身是一件多麼奇妙且值得感謝的事。也就是說，如同你有你的父母親，父母親也有他們的父母親。這是當然的，誰不知道呢？只是，算起來還真不是鬧著玩的。如果要追溯到二十代以前的祖宗，我們居然有 104 萬 8576 位祖宗。怎麼可能呢？如果是追溯到三十代以前，那就大概會有 10 億 7,374 萬 1,842 位數量龐大的祖宗人數。換句話說，

超過 10 億個人的祖宗當中，若是有人在結婚之前就死亡或是跟別人結婚，那麼我們就不可能出生了。

所以，「我」可不是個普通的存在呢，每個人都一樣。西田文郎在著作《幸運的人想的都一樣》中也說：「能夠活著是一個非常驚人的機率，更是天大的幸運。所以，怎能不心存感謝？」

既然光是活著本身就是件必須要感謝的事，那麼，從事服務顧客的工作應該也是要無條件的心存感謝了。當我們做到這一點的時候自然就能感受幸福，比以往更有活力的樂在工作中。

想要改變性格，就要從感謝做起

戴維斯加利福尼亞大學心理學系教授羅伯‧艾曼（Robert Emmons）以感謝的心爲研究主題，他認爲感謝是得到幸福的第一要件。並不是因爲幸福才要感謝，而是先有感謝的心，才能夠幸福。他與邁阿密大學心理學系教授麥克‧麥克爾（Michael McCullough）共同進行了一項有趣的實驗，探討關於感謝的態度，對人的肉體和精神上，可能帶來什麼樣的影響。

兩位教授把自願者分成 A、B、C 三組，分別要求往後一週內每組只能從事特定的言行舉止。

A 組只能從事不高興的言行舉止，B 組只能從事感謝的

言行舉止，C組則是只能從事一般性的言行舉止。實驗結果顯示，B組成員不但運動的次數增加，發生頭痛或感冒的情形減少，活動指數非常高且比較幸福。透過長達一年的實驗，證實了練習感謝的態度會更有效，且從結果中列舉了實驗者所經歷的20種主要變化。

這20種變化的內容，簡直就是萬靈丹。這20種內容的大部分都跟「人格」有所關聯。比方像是覺得幸福、變成樂天性格、強化了自我修復力以及活力充沛等等。

搜尋關於感謝的各種研究資料便不難發現，「感謝」是改變人格的最佳方法。凡事心存感謝是成為N型人最實際的方法。還有另一個實驗，要求參與實驗的人每天要寫下5件認為值得感謝的事，藉此證明了一天僅花1～2分鐘表達感謝，對於人們的一生會帶來莫大的影響。

美國的脫口秀女王歐普拉也接受心理學家的建議，從每天發生的事件當中找出5個值得感謝的事。

即使每天都很忙碌，她仍會確實實行「感謝」，並且也向周遭的人建議這麼做。雖然她是一個國際知名人士，但是感謝的內容和對象與平常人並沒有什麼不同。「感謝今天我依然能夠輕鬆地從睡夢中醒來」、「感謝今天能夠看見特別清澈的天空」、「看了一本很不錯的書，感謝寫這本書的作者」等等，都是些稀鬆平常的小事。可以從這些小插曲中充分了解到她為什麼能夠成為國際知名的人物，因為她也有著樂於接受好建議且付諸實行的坦率品性。

以感謝的心改造性格

有一個透過感謝而成功改造自己的實例。寫下《100個感謝帶來幸福》的作者就是最好的例子，這是描寫一個說話犀利刻薄的人，藉由感謝而脫胎換骨的故事。原理和要領都很簡單。每天都要找出100個值得感謝的「事件」並記錄下來，持續100天後就會脫胎換骨，成為一個全新的人。

但也有人認為像這樣刻意的「感謝」，到後來難免會變成勉強自己或感覺麻木，感謝就失去了意義。那麼，學歐普拉每天只整理出5件值得感謝的事來實行，應該是比較能夠真心且持續下去的方法吧。

你也想要改變性格嗎？不妨現在就來感謝一下。要記住，感謝並不難，但要真心誠意的感謝，這一點非常重要。因為太多的感謝就容易變質，變成習慣性之後就不會有太大的效果。

既然感謝的言行與生活態度能夠為職場生活注入幸福感且影響人生，實在值得馬上一試。多好啊，不用花一毛錢就能改變性格而得到幸福。那也得有值得感謝的事情才能去感謝呀？如果你是這麼想，那就表示現在的你病得不輕啊。你依然抱持著扭曲的眼光和負面的心態。你需要的是痛定思痛反省你的性格、人格。

試著轉換一下想法。如此，你的性格就有可能改變、未

來也會跟著改變。如果還是無法啟動感謝的心，先閉上眼睛，做個深呼吸。讓你的心找到平靜，去感受頭腦和心靈的安穩。

　　試著想一想能夠讓你感受幸福的事，去找到值得感謝的事。冷靜地去感受何謂真心感謝。想到值得讓你感謝的事了嗎？你不妨想像一下，然後好好記在心裡，有空的時候就重複回想。多重複幾次會自然形成習慣，進而塑造人格。

07

打造不畏逆境的人格

自 我 修 復 力 與 正 向 精 神

　　曾擔任美國英才教育協會會長的維多・高查（Victor Goertzel）與妻子共同進行一個研究，從世界各地挑選出 413 位測試者，研究、調查他們的成長背景、家庭教育、成就等並且予以發表。有趣的是，研究對象當中有 392 人是勇於克服逆境的人。於是高查夫婦得到的結論是「對這些人來說，困境不是障礙，而是另一次的機會」。

　　困境是另一個機會？危機就是轉機的這句話，我們也都聽到耳朵都要長繭。只是，一旦真正面臨困境或危機的時候很難有餘力去這麼想。有多少人在暴風雨裡還能夠興奮地大喊：「這就是機會」、「機會終於來了」？沒有機會也無所謂，只求不要有危機就好，這才是大家都會有的想法。

　　問題在於生活中根本不可能免除困境或是危機。即便不

至於是危機，我們還是免不了隨時可能遭遇小小的逆境。這就是我們的職場生活，是人生的樣貌。重要的是如何對應這些狀況，又該如何處置。自古以來，只有在身處危機之中才會顯現一個人的為人（人格）。

當面臨困境或逆境、危機時，有人藉著難關讓自己站得更穩或當成是精進的跳板，相反的，也有人是屈服於困境。金株煥（音譯）教授認為二者的差異點在於「恢復彈性的能力」。據說是由金教授創造了這個用詞，很有意思。每當我說出這個詞的時候，就會覺得整個人很有彈性的飛躍起來。恢復彈性的能力，顧名思義指的是自我修復的能力、一種彈性。不為逆境所屈服、強韌的精神毅力。

根據威納（Werner）教授的研究，在艱難環境中堅定意志發揮正面成長力量的人們，人生中至少都有一位無條件給予認同與支持的人存在。因此，他認為從小在父母親或是家人奉獻式的關愛與信賴中成長的人，自我修復的能力比較強。你現在是不是想起了童年及父母親的臉？是感到怨懟還是很有安全感呢？那麼，自我修復力是不可能精進的能力嗎？當然不是，這可以隨著自身的努力和訓練而提升。

藉由自我修復力打造人格

構成自我修復力的三大要素是自我調節能力、社交能力、正向態度。其中，正向態度是核心。因為強化正向態度

的同時，自我調節能力和社交能力也會自然被強化。

　　本書一再提及正向態度。最近如果到書局繞一圈，視線
所及幾乎都是談論「正向」和「幸福」的書籍，偶爾也會看
到以扭曲的眼光來解讀幸福的書。人都是透過自己的視線看
外界，因此難免會以自己的專業領域來解析世事。研究正向
態度的專家們說法也是差不多，好像只要抱持正向態度就能
解決世上所有的問題，從此幸福快樂。像塞里格曼這種大師
也只是謙讓的表明他無意取代現有的心理學說，而是要補強
和擴充。儘管如此，坊間談論正向態度的書籍仍然讓人覺得
好像正向態度和「感謝」都是萬靈丹似的。

　　但是，相信沒有人能否定正向態度的正面效果。以下是
關於正向態度的各種效果。

- 大大提升創造力與危機處理能力。
- 增強克服逆境的心志，強化恢復彈性的能力。
- 提升控制情感、抑制衝動的自我調節能力。
- 增進人際關係能力。
- 樂於關懷、幫助他人以及從事更多的捐贈和志工活動。
- 變得良善且正直。
- 使人找到幸福與福氣。
- 使人更愛笑。
- 減少憤怒與煩躁，使人愉快從事工作。
- 促使仰賴多巴胺分泌的正面訊息系統活絡運作，讓

我們變得與開朗、容易感受幸福的人相似。

- 提升自我擴張的能力，並且待人親切。

- 樂於以肯定的心態去判斷世界與他人。

- 強化自己與他人的心靈共鳴，促進溝通和同感，進而建立良好的人際關係並且維持下去。

- 消弭偏見與固執的觀念。

- 培養尋求新事物的進取心與勇於挑戰。

- 與上司或同事、顧客之間維持良好的關係。

- 正向態度是通往成功的捷徑。

- 提高判斷力和思想的彈性。

- 使人興致高昂。

- 提高耐性和耐力，進而具備痛苦的耐受力，提升把痛苦的過程昇華為樂趣的能力。

- 找到工作的使命感與意義。

- 面對人生任何情況，不管快樂或生氣，都能夠從客觀且正確、肯定的角度來分析。

- 發揮高水準的原因分析能力。

- 沉穩、悠閒享受每一天的日常作息。

- 樂觀、充滿希望的看待世界。

- 內心充滿更多的感謝。

- 正向態度是評量健康與長壽最直接的量尺。

- 使人精力充沛，喜歡從事動態的娛樂。

- 提高職業滿意度，使人樂於工作進而提高生產力。

● 抑制負面思想，更加增強正向的心態。

　　諸如此類，大概隨便篩選一下就已經有 30 項了，若要繼續多挑幾項也不成問題。黛普拉‧諾菲（Deborah Norville）在《感謝的力量》一書中列舉了約 20 項感謝的「藥效」。各位再看一次前面的 30 項內容，既然正向態度有如此驚人的療效，那我們還在等什麼，趕緊努力讓自己也具備這種正向態度吧。請各位放心大膽的服用這萬靈丹吧，完全不用擔心會有危害性命的任何負作用。

塑造堅定意志的人格

　　我要再次強調，只有在逆境下才能看見一個人的本性。不過，並非只念正向的咒語就能讓困境消失，正向的祈禱也不能幫我們解決難題。平常就應該要好好鍛鍊克服逆境的能力。強化自己的精神意志，打造強韌的意志力。關於精神意志的重要性，前面的內容也有稍微提到。

　　當這個世界漸漸變得複雜、險惡並且日常充滿高度壓力，便應運而生了一個流行語「精神崩潰」，進而產生了許多以精神護理（Mental-care）為基礎的「療癒」心靈方法，主要是希望能夠防止或治癒精神崩潰。瑜伽或冥想的盛行原因就在這裡。然而，一般的健康管理比較傾向於從治癒到增進健康、從肉體進化到精神。因此，專家們預測未來應該會重視精神健康。

話又說回來，人們重視精神健康也就表示現在人的精神意志已經變得相當薄弱。簡單的說，現在是精神力的戰爭。精神意志的強韌是從生存戰爭中獲勝的關鍵。強韌的精神意志力是競爭力的核心。所以，我們都應該要具備精神意志堅定的人格。

　　《富比士》雜誌在 2013 年曾加以分析且詳盡介紹社會工作者暨作家的艾咪‧莫琳（Amy Morin）的著作《精神意志強韌的人不會做的 13 件事》。結論就是要能夠不屈服逆境，控制自己的情緒並且試著去喜歡逆境。要我們喜歡逆境？也許有人會疑惑大概只有「出家人」才可能做得到這一點。如果有這種疑問，那就用力地反覆默念「要喜歡逆境」這句話，直到可以打從心底有所感受。為了找出答案而努力，這件事本身就是一種訓練。

　　精神意志堅定的人能夠在逆境中看見希望，不會因為幸運和不幸而亦悲亦喜。他們能夠坦然接受生活中隨時可能遭遇的逆境，把逆境視為成長的機會，在困境中沉著忍耐，且善於控制自身的情緒。

　　佛教將人生比作「苦海」，將我們生存的世界比作「火宅」（燃燒的房屋）。儘管如此，不必把人生想得過於艱辛或是因而擔驚受怕。我們不妨想成這是在指引世人要靠強韌的精神意志、正向的態度去克服困境。

　　書中一再提及，只有在逆境下才能看見一個人的本性。重要的是，遭遇逆境時觸動了什麼樣的人格。N 型人正是在

逆境中會發光的人，是痛苦中能夠發掘且自行創造樂趣的人，也就是一個精神意志強韌的人。

「樂觀者在每一次苦難中看見的是機會，悲觀者在每一次機會來臨時看見的是苦難。」──溫斯頓‧邱吉爾

08

用笑容改變人格

笑 容 是 一 種 才 能

　　據說泰瑞莎修女在挑選助手的時候只看三個條件，那就是「常保笑容、胃口好、到哪裡都能睡」。選人的標準就跟她本人一樣樸實。她之所以會對人有這樣的要求，主要是因為這樣的人才能為他人帶來幸福，遭遇任何試煉也能夠克服得很好，並且有餘力去支持別人。

　　笑口常開有益健康，這個道理是每個人都知道的常識。透過無數的大眾媒體已經廣為流傳許久。接下來要和大家聊一聊另一個比較不一樣的話題。

　　既然大家都知道笑容不論對於健康或是其他方面都有好處，為什麼人們就是無法常保笑容？應該說這正是人類的習性，明知有利而無一害卻不去實行。不只是常保笑容這件事，知道有好處卻不願付諸實行的事何只 1、2 件。明明知道運動

對身體的好處，一週應該要運動 3 至 4 次才能維持健康，但卻一次也沒有去運動。這是因為欠缺意志力和控制力，以及沒有養成習慣。

成為 N 型人之前最先要做到的一件事就是要養成保持笑口常開的習慣，讓自己有一張笑容可掬的臉。笑容不只是一種表情，而是一種才能。如果你是隨時都能保持笑容的人，那就表示你擁有一項非常不錯的才能。這裡要注意的是，所有的才能都是平常就要善用才有意義。所以，我們都要「常常笑」。

笑容不但能夠讓人活力充沛，拉近人與人之間的距離，重點是自己會感受到幸福，總有一天會帶來幸運。所以，愛笑的人會有福氣。

笑容與正向的情緒

有關笑容的效果，我特別要強調的是與人格相關的正向情緒，因為笑容能夠活絡正向的情感。當正向的情緒活躍時，人會凡事以正向的角度看待，能夠消弭負面的想法。只要是與笑的動作相關的肌肉產生收縮，腦部就會釋放與正向情緒有關的多巴胺，促使情緒變開朗，進而展露笑容，產生良性的循環。這就是我們在日常生活中要努力保持笑容的原因。

不僅如此。愉悅表情和正向情緒能夠感染到共事的夥伴，心理學上稱為「情緒的傳染」。當你露出笑容時，對方

也會跟著笑、感到心情愉快。有項研究表示，兩個陌生人面對面坐在一起，只要 2 分鐘就會互相同化。之所以會產生情緒的傳染，主要是由於大腦中有一種鏡像神經元，像鏡子一樣會反射別人的行為，然後使自己也做出同樣動作。換言之，當我露出笑容抱持愉快想法的時候，對方也會跟著這麼做。

再強調一次，誘發正向情緒最容易的方法就是笑。只要保持笑的表情，大腦就會感到愉快，容易轉換成正向的情感狀態。這方面最常被引用的實驗方式是咬筆桿。你不妨用牙齒輕輕咬住筆桿的正中央試試看，此時筆桿會呈橫向狀態，嘴形會因而向兩側微張近似笑的表情。只是這樣一個簡單的表情變化，就能夠牽動發笑時使用的肌肉，然後誘發正向情緒。這次換成用嘴唇含住筆的一端讓筆向前突出。這個動作會使大腦認為我們在做負面的表情，因而產生負面的情緒。

就算是刻意的笑，同樣能夠刺激正向的情緒。不過，有一點要注意，可不是要你隨便笑一笑就算數。大家都知道微笑可以分成假笑和真笑。幸福洋溢的真正微笑和裝出來的微笑是天差地別。所以，既然要笑又何必刻意的露出假笑呢，應該要打從心底露出幸福的笑容才是。

在美國加州大學教學長達 32 年的心理學系教授保羅‧艾克曼（Paul Ekman）長年以來深入研究人類表情。根據艾克曼的說法，只要仔細觀察一個人臉上的表情，有 78.2% 的機率可看出他說的是真心話抑或在說謊。人在說謊時，在表情、身體動作、象徵性行為、談吐、瞳孔放大、熱傳導反應

等會呈現 8 種徵兆，只要綜合這 8 種情況加以判斷，可準確判別眞假的可能性高達 95.4%。如果坐在艾克曼對面，壓力一定很大，尤其是喜歡說謊的人。

艾克曼也致力於研究人類的笑容表情。一個人的臉上共有 42 條肌肉專門負責製造表情，艾克曼將每一條肌肉都標註了號碼，利於觀察哪一條肌肉會呈現哪一種表情。舉例來說，皺鼻子表情是 9 號、緊閉嘴巴的表情是 15 號，依此類推。研究結果共有 19 種微笑的表情，其中有 18 種是「假裝的微笑」。比方像是基於禮貌而表現的微笑或拍照時僵硬的微笑、爲掩飾惡意而表現的微笑等。

換言之，其中只有一種是基於眞正的開心、幸福而表現出來的微笑。

嘴角上揚、兩眼瞳孔稍往內靠、眼角出現魚尾紋、兩頰上半部微微向上、眼睛周圍的眼輪肌產生收縮，呈現以上這些表現才是眞心的笑容。艾克曼把這種發自內心的笑容稱爲「杜鄉的微笑」（Duchenne Smile）。這個名稱源自十八世紀的法國神經學家杜鄉（Guillaume Duchenne），他是第一個發現眞心微笑會牽動到顴骨和眼尾附近眼輪肌的人。以這樣的方式來讚頌前輩的艾克曼，想必也是一位人格十分良善的人吧。

而假笑、刻意的微笑又被稱爲「泛美航空式微笑」（Pan American Smile），其實是在影射泛美航空公司空服員們的「職業笑容」。

笑容是一種剛強的力量

關於真心的微笑和假裝的微笑，加州大學柏克萊分校的凱特勒（D.Keltner）和哈克（L. Harker）二位教授的研究十分有趣。他們以 30 年的時間完成追蹤研究（太了不起了。學者應如是！我該反省了）。

最初是 1960 年以密爾斯學院的 141 位畢業生為對象進行研究，研究者是凱特勒與哈克的老師。因為持續了 30 年之久，自然而然就由學生來接手。

研究重點是根據畢業紀念冊裡每個畢業生的微笑去追蹤調查他們日後在婚姻與生活上的滿意度。紀念冊裡幾乎所有女學生都面露笑容，其中將近 50 個學生是真心的笑容，其餘的人則是為了拍照而刻意展現的假性微笑。研究小組分別在她們 27 歲、43 歲和 52 歲生日當天與她們訪談，藉此了解她們在人生中所經歷的各種情況。

結果頗耐人尋味。當年在紀念冊上展現真心笑容的人，大多擁有幸福美滿的婚姻生活，離婚率很低。此外，不但比別人健康也很少到醫院看病、生存率也都偏高，甚至於連平均所得也都比當年臉上掛著假笑的另一組人更高。

實驗證明，當年流露真心笑容的人在日後都擁有勝過旁人的美好生活。同時，也驗證了微笑的力量。

以下分享一個關於微笑的真實故事。

在美國瓦解海珊政府的第二次伊拉克戰爭時期。在佔領巴格達前夕，美國陸軍中校帶領一支小隊步行前往伊斯蘭寺院。他們是為了和伊斯蘭領導商議，希望能夠把救援物資帶給伊拉克難民。

但是，途中發生了突發狀況。突然出現一群伊拉克人團團圍住這群美軍，人數將近千人，他們展現同仇敵愾的氛圍包圍美軍小隊。驚慌的美軍立刻拿起手中的槍對準這群伊拉克人。小隊正在等候指揮官下達指令，在一觸即發的危機當中，此時美軍的指揮官胡斯中校這樣命令部隊。

「就射擊位置！」

一聲令下，士兵立刻採取右膝著地、左膝半跪的姿勢。

「所有人把槍口朝下！」

士兵們將原本對準伊拉克人的槍口一致朝地面。然後，中校下達了一個令人不解的指令。

「大家開始微笑！」

這下子，所有的士兵一臉錯愕。也許他們的腦袋正在想：「指揮官是不是瘋了？」

不過，小隊還是遵照中校的命令開始大笑（想必絕對是很怪異的笑聲）。此時，不敢置信的情況發生了。原本個個臉色兇狠的伊拉克人也跟著笑了起來。

「這是怎麼回事啊？」也許伊拉克人是因為莫名其妙才跟著笑。總之，美軍的笑容開始傳染開來，最後大家不分你我全都笑成一團。等到氣氛終於緩和了一些，指揮官又下達

另一個指令。

「所有人停止笑聲。現在，繼續前進！」

小隊安靜的站起來，緩緩向前行進。

原本團團圍住美軍的伊拉克人不但讓出一個出口，還拍了拍美軍的肩膀以示友善。

將感性指數 EQ 概念大眾化、被譽為全球頂尖思想家之一的心理學家丹尼爾‧高爾曼（Daniel Goleman）在其著作《SQ 社會智能》中也以這個事件說明感情置入效果的例子。

這個例子證明了，笑容的力量，甚至能夠感染到他人的人格。

笑容是一種才能，而且是一種能夠發揮強大力量的才能。如果清楚明白了這一點，那就必須要開發笑容這個美好的才能，培養這項才能並且予以活用。實踐的方法即是將笑容習慣化，透過這樣的實踐，N 型人才得以誕生。

09

理解與自我說服

轉 換 解 讀 方 式

「艾莉莎曾經告訴過我，這個世界從來不會按照人們的意思走。不過，我倒覺得這樣很有意思。因為，我們可以期待意想不到的事情發生。」——安妮

安妮的這句話，越想越有意思。正是如此，世事本就不盡人意。往往是出乎預料之外，叫人難以應付。你也同意這個看法嗎？在你點頭的這一瞬間，已經掉進負面的泥沼了。我們真該向安妮看齊，她不是說了嗎？就是因為世事從不按照我們的意思走才有意思，她認為這樣才能期待意想不到的事情發生。這就是一種正向心態，事實上就是在說服自己要這樣想。比方說，像是控制自我思想。

用正面的故事說服自己

舉個例子，假設今天發生了一件預料之外的狀況打亂了生活步調，此事讓你感到很沮喪。這種時候可以回想一下安妮的台詞，以安妮的正面思想去解讀所發生的事，把讓你沮喪的事情變成「意想不到的、很棒的事」。可是，如果沒有聽過安妮的故事，同一件事可能就會以負面想法解讀，認為是「天外飛來的橫禍」。這裡的「解讀」關乎人格，所以非常重要。

前文曾提到過在澳洲從事禮儀師工作的特佛・丹，以及莎士比亞遇到一位年輕服務生的故事。

面對一件客觀事件，雖然很難按照自己的意思扭轉事件的樣貌，至少可以轉換解讀的方式，換個角度去看待自己所面臨的處境與人生。我們都可以有一個正面意義的故事，而去創造故事就是你的任務。

大部分在職場生活中發生的事，都是無可避免的情況，有誰是因為喜歡吵架所以就去找客戶吵架的呢？遇到脾氣古怪的上司，同樣也並不是自己能夠選擇，也無法避免。但是，如何解讀、如何重組故事卻操之於你。

你可以解讀成「運氣不好」，也可以想成「是種磨練」，更可以把情況看作是「只要能夠克服，往後不管遇到什麼樣的人我都能夠應付」的正面故事，完全取決於你怎麼做。安妮在這個部分做得很好，任何不幸只要經過她的思想都會被

重組變成正面的情況。

　　塞爾格曼認為，人們以負面角度解讀，生理上會變得沒有氣力、能力下降，視情況還可能產生憂鬱症、小問題也會變成災難。也就是說，遇到逆境時，便立刻認定那是「永久的」、「普遍的」以及「個人的」（要牢記這三點）。

　　認為負面情況會長久持續下去，不把原因拘限在當下的情況，而是從一般情況下找出理由，然後認定自己是必須被刁難的對象。

　　比方說被上司修理了一頓，那種人並不會覺得「主管也許心情不好，我只是倒楣掃到颱風尾罷了」，而是想著「這個人本來脾氣就很差」、「當主管的人都是笨蛋」、「我沒有這種本事」，以這種悲觀方式的自我說明情況。

　　不需要如此。在公司遭遇挫折或碰到難解問題、遇到難纏客戶而沮喪或對世事感到厭倦、當負面情緒蠢蠢欲動、人際關係面臨嚴重糾葛的時候，你不能任由自己原始的性格爆發出來。必須像安妮那樣把想法換成正面的思想，讓自己成為 N 型人。

　　一如前面提過的，透過「正面解讀」、「正面故事」，好品格會開始顯現。所謂的解讀就是自我說服，是試著讓自己理解並且自我安撫的一種心理調適。

透過自問來自我說服

　　另一個說服自己的方式叫做「自我對話」。

　　自我對話有二種型式。一種是自我暗示型的自言自語，又或是自問自答的對話型自言自語。自我暗示型的自言自語是「我不怕」、「我辦得到」之類的肯定型式，相反的，還有一種是自認「我很偉大」之類的自我膨脹型。此外，也有像是「我怎麼老是這麼笨」、「我真的無可救藥」這種負面型。不用說，這裡要給大家的建議當然是肯定型的自我暗示，正面的自我心理調適方式。

　　大部分成功論方面的學者（與其說是學者，不如說是以他們自身的成功經驗作為題材來寫書的人）都是推薦這個方式。特別是那些業務員出身的成功人士多半主張這個方式。

　　但是，心理學家或社會學者的主張卻不同於成功論學者，他們認為應該要用疑問句而不是用陳述句。這樣一來，自然形成了對話式的自言自語。關於這一點，丹尼爾‧品克（Daniel H. Pink）在其著作《未來在等待的銷售人才》中有精闢的說明。

　　研究此一領域的學者們發現不論自我說服的內容是自我膨脹還是自我貶低，大致上都是採取陳述句的型態。不過，大部分有益的自我對話不只是情緒的轉換，而是連同語句的型態也會有所改變。即，從陳述句轉換成疑問句。以結論而言，疑問句式的自我對話會有更好的效果。

舉例來說，自問：「我應該做得到吧？」而不是「我可以做得很好」。如此一來，你會自己去找到答案，比方說：「沒問題，我可以做得很好。上次我遇過比現在更困難的情況。」促成了自問自答的自我對話，更進一步思考該如何行動和處理，會自行想到具體且策略性的忠告。像這樣向自己拋出疑問，就能夠找到有效完成工作所需要的策略，比起單純的肯定答覆提供更確實又實用的基礎。

　　塞里格曼證明了在逆境下反問自己，並且自我解讀負面情況，能夠提高修復力，對工作實績深具影響力。因此，當不好的情況發生時，「這是會長久持續下去的問題嗎？」、「這是大家都會碰到的問題嗎？」、「這是因為我個人的問題才會發生的嗎？」根據這三個基準向自己發問，然後思考能夠有智慧的回答自己：「這是一時的」、「這是特殊情況」、「與其說是自己的問題，應該說是因為對方的立場而必須這麼做」，這樣才是正確的對策。

　　換言之，越是能夠說服自己所謂的逆境只是一時的、是特殊情況、是外在因素造成的，就越能夠不為逆境所屈服，繼續勇往直前的可能性也就相對提高。

　　當你面臨困境，記得儘快透過正面故事、以正面解讀方式來說服自己。並且，還要透過自我對話去突破逆境。一旦習慣化之後，你就能成為很棒的 N 型人。

10

懂得知足

忠於當下，幸福當下

羅馬的古老地底公墓裡有一句話十分常見，那就是「Memento Mori」。之前我在一張圖片上也看過某個墓碑上也寫著這句話，這是一句拉丁文，意思是「記住，你將會死亡」。如果單獨看這句話，意思會不夠完整，所以通常會在後面加上「Carpe Diem」成為一句警世語。

重點反而是接在後面的「Carpe Diem」，這是西元前的古羅馬共和國末期著名詩人賀拉斯的一句詩詞，意思是「活在當下」。因此，整句話就是警惕世人「記住死亡，要活在當下」。

聽來像是一句深奧的人生哲學，其實背後隱藏的是如實呈現羅馬末期衰亡氛圍的深意。即「人終將一死，所以要記住死亡，享受當下最大的快樂」。原來其實也不是美好含意

的一句話。不過，時至今日，這句話以正面意義被重新詮釋，讓世人明白必須好好把握當下的活下去。

在電影《春風化雨》中，基頓老師對他的學生這麼說。

基頓：「彼特，請你念一下聖歌第 542 頁的詩。」

彼特：「務必要趁早摘下玫瑰花啊，因為錯失了時間，今日綻放的花朵到了明日就會凋謝了。」

基頓：「謝謝你，彼特。有花堪折直須折啊，用拉丁文來表示的話是『Carpe Diem』。有誰知道這句話的意思？」

米克斯：「是享受當下的意思」。

基頓：「『Carpe Diem，享受當下，務必要趁早摘下玫瑰花。』詩人為什麼要寫下這種話呢？原因就是，因為我們都會死。這個教室裡的所有人有一天都會死去。所以別管那些蠢蛋怎麼說你。你應該要讓只有一次的人生與眾不同。」

記住，每個人都有死亡，所以要積極把握當下，活得更幸福。然而，將基頓老師這個角色演得活靈活現的羅賓・威廉斯卻在不久前尋短。真是諷刺啊，令人悲傷。《富比士》在 2013 年曾刊登「百句名言錄」，以下是第十八句。

種一棵樹的最好時機是 20 年前，第二個好時機便是現在。

（The best time to plant a tree was 20 years ago. The second best time is now.）

不論古羅馬墓碑上的警世語的原意如何，重要的是現在，要忠於現在並活得幸福。不管人格商數如何，忠於現在的人就是具備良善人格的人。一定要相信「現在」所做的事會左右未來的樣貌與高度。

青鳥就在這裡，就是現在

在前面探討過，對於工作的論點分為天職論、宿命論等等。現在的年輕人對於這種主張深感納悶。「這個年頭誰還講在什麼天職啊宿命的，配角論又是什麼東西？」，他們認為這些都是思想古板的「老人家」的主張。

或許對年輕人而言，比起這種煩悶的主張，可能更容易接受那些上電視大談成功經驗的所謂「成功人士」的建議，像是「做你最想做的事」、「做能讓你開心的事」等這種「感覺很酷炫」的言詞。

這樣讓人不知該隨哪一邊的節奏起舞。是該聽從宿命論、配角論呢？還是該從事最喜歡的工作？許多人在選擇工作之際搖擺不定，不知該如何選擇職業、該從事哪一種工作。即使已經擁有一份工作，仍然慌亂無主而感到徬徨，尤其青春年華的年輕人更是如此。一方面擔心找不到工作，另一方面是心性不定，動不動就想換工作。

原因何在？每個人都有自己的理由。難道，是為了找尋屬於自己的那一隻青鳥？在此要提到「青鳥症候群」[02]。這

個名稱源自於比利時劇作家、諾貝爾文學獎得主莫里斯‧梅特林克（Maurice Polydore Marie Bernard Maeterlinck）的兒童話劇《青鳥》。如同主角「基奇」和「米琪」這對兄妹四處找尋象徵幸福的青鳥一樣，是一種對於現有工作感到不滿的症狀。認為只要離開現在這個地方必定能在某處找到自己的「天職」或「喜歡的工作」。根據韓國某就業網站針對952名上班族為對象所做的工作滿意度調查結果，有60.7%的上班族正處於「青鳥症候群」的現象。

這些不斷追尋青鳥、頻換工作的人們，我們稱之為「蚱蜢族」，意思是不在一個地方好好待著，總要四處跳來跳去。跳到最後，能否找到自己認為的天職？大部分都以失敗收場。因為，不能在當下好好忠於自身工作的人，是不可能發現「青鳥」的。

從這樣的角度來看，《青鳥》極具啟發性。輾轉來到回憶之國與未來王國卻沒能如願找到青鳥，只得空手回家的基奇和米琪，回到家發現原來家裡養的正是青鳥。開心打開鳥籠的瞬間，青鳥卻飛走了。就像是在警告世人當個蚱蜢族的結果，很可能連當下的生命意義和價值及樂趣都將失去。

專注於「這件事」感受幸福

　　世上的職業種類繁多，工作的種類更多。所有的職業和工作都是基於需要而產生。因此，一切都有其各別的價值。認為這份價值不符合期待或是想要更高價值的人就會想要追尋青鳥。但在追尋青鳥之前，不妨試著努力在當下找到價值，也就是「安份知足」。

　　我個人很欣賞哲學家埃里希・佛洛姆（Erich Fromm），而在我的書裡最常出現的就是他的語錄。佛洛姆在著作《*To Have or To Be?*》有這麼一句話：「不論命運允許你到達的地方是何處，你必須好好存在於你當下存在的地方。」這句話也是我的座右銘。

　　你不可能知道命運將把你推向何處。雖然人們常說有夢最美，但是這個世界充滿了意想不到的不幸與幸運。為明天編織夢想固然是好事，但是在當下一決勝負比做夢更重要。因為，明天和未來是今天與現在累積而來。越是期待得到更好的職業、工作，更要專注於現在的崗位。

　　「對你來說最重要的時機是現在，最重要的工作是現在的工作，最重要的人是現在在你身邊的人。」這是托爾斯泰的忠告，也許這也是給你的一個暗示。

　　要成為 N 型人，就要專注於當下，忠於現在所做的事，滿足於當下並且感受幸福。

　　醫學博士李時炯說過成功的第一法則便是不抱怨。他說：

「跟喜歡抱怨的人在一起會讓人莫名煩躁，是最應該迴避的人物。這種人容易諸事不順，總是在抱怨且製造問題。因為在他的大腦中已經產生負面的迴路。」

有一種人是對現在不滿足、永遠都在不停的抱怨。他本人也許認為自己是一個問題意識明確的人，但其實不是問題意識明確，而是問題點明顯。某大型連鎖飯店的人事主管分享經驗：「不喜歡搬運行李但勉強工作的人，卻一輩子都在幫人家搬行李；但是積極做好這份工作的人反而很快就得到升遷，去負責別的工作。」

我們不可能永遠只做自己喜歡的事，但是可以試著喜歡現在的工作並且努力做到更好。如此，才會有光明的前途。全球頂尖的領導力專家、也是暢銷作家的約翰‧麥斯韋爾（John C. Maxwell）說：「如果真的想讓自己有所成長，今天就要全力以赴。」所謂的全力以赴，也就是全心投入。要投入什麼事情呢？即是現在、當下從事的「這件事」，這就是成功的基礎，也是成為 N 型人的方法。

02

「青鳥症候群」：對於現有工作的適性或願景不感興趣，一旦發現薪水較高、好像更有好處的工作機會時，就隨時準備離職。有些人認為，之所以會有這種症候群，責任在於那些把員工當附屬品、無法賦予員工夢想的企業文化與經營者的責任。

11

正直與誠實

人 格 的 基 本 ， 最 好 的 策 略

「我真的很不安，恨不得乾脆鑽進大炮裡，那樣反而
會讓我好過一些。不過，我還是要照實坦承一切。我會承擔
自己犯下的錯誤。幸好，坦承這種事情我已經練習過很多遍
了。」——安妮

　　安妮在最不利己的情況下仍然選擇正直、坦率和誠實，
所以顯得特別突出、令人喜愛。
　　正直和誠實？真要談論這個話題叫人有點難為情呢！或
許有人認為「這個有什麼好說的？」，這個標題會不會太理
所當然、太一般了呢？不可否認的，這是人格的核心價值，
所以我還是得說下去。

正直是倫理的基本，人格的核心

　　首先探討正直的部分。正直是人格的最基本核心，也是倫理的根本。現今這樣的世道要談論「正直」，不知道會不會被認爲是痴人說夢。有點擔心大家會覺得倫理是迂腐、已經消失的價值。

　　前陣子，根據一份以學生爲對象進行的問卷調查，談論「正直」或許眞是一個不了解世事變遷的話題。興士團透明社會運動總部以國小到高中各 2 千名學生爲問卷對象，調查結果令人不得不感嘆。針對「若能得到 10 億韓圓，就算坐牢一年也甘願」的問題，做出肯定回答比率是國小生 12%、國中生 28%、高中生則是 44%，比率與年紀成正比。以這些回答爲根據所產生的「正直指數」爲國小生 85 分、國中生 75 分、高中生 67 分，年級越高分數越低。

　　這一點實在是怪不得學生，因爲他們是跟大人學的。看看那些國家領導層、政治人物做了什麼樣的示範。換個方式，我們來看看網路上流行的黑色幽默。

　　一輛滿載政客的巴士急駛過一條鄉間小路，結果撞上行道樹，整輛車翻落到田裡。目擊車禍發生的農田主人跑向失事巴士查看災情，然後埋葬了車上所有的人。幾天後，農夫被請到警察局協助調查，警察問了農夫幾個問題。

　　「難道沒有半個人活著嗎？」

農夫回答警察。

「有是有。有幾個人一直跟我說他沒有死，可是我從來就不相信政客說的話。」

不僅政治人物如此，如今這個世界已經變得無法輕易相信他人。甚至就連老師、法官和檢察官，同樣也叫人無法相信。相信大家也都聽說過，那些維持法紀的人做出違法亂紀的事，卻巧妙地拿「沒有證據」當作擋箭牌睜眼說謊話的例子[03]，真是一個恬不知恥的世態。我曾出版一本名為《要贏，就要恬不知恥》的書，旨在反諷，最近做出無恥行徑的人好像越來越常見。

不只是社會的領導層如此。不管是攤販還是商人，高呼「企業家精神」的大企業經營者也都一個樣。商店賣場裡高舉著「顧客至上」的標語到處飄揚，實際上背後藏著多少欺瞞顧客的隱情。這是一個無法信任他人、不誠實的時代。

重點就在於「信賴」，率直與正直才能令人發揮可貴的價值。企業徵才、大學入學為什麼要動員各種千奇百怪的方式來進行深層的人格審查？就是為了挑選出正直、直率、值得信賴的人才。

人格審查 ＝ 正直性審查

說到深層面試和人格審查，讓我想起十九世紀初英國政

治家班傑明‧迪斯雷利（Benjamin Disraeli）的故事。有一次他需要應徵一個女傭，他向前來應徵的女性提出一個這樣的面試題目。

「假設妳一次拿著 20 個盤子走出這個房間，結果被門檻絆倒了。這個時候妳會怎麼做呢？」

第一位應徵者回答：「我會立刻用下巴頂住盤子，然後彎下膝蓋趕快蹲下來。如果沒辦法這樣做，那麼就算是在地上打滾我也會保護每一個盤子不被打破。」

而第二位面試者面對同樣的問題是這樣回答的。

「我沒有遇過這種狀況，所以我不知道應該怎麼回答您。不過，我會很小心不要被門檻之類的地方絆倒。」

迪斯雷利錄用了第二位面試者。因為這位女士並沒有急於誇耀自己的能耐，而是讓人看見她的正直和直率。[04]

不管是過去還是現在，評斷為人的基準都一樣。德國古典哲學創始人康德說：「誠實才是上策。」前哈佛大學商學院院長金‧克拉克（Kim Clark）也以「所有的管理者都要具備最高水準的正直，像哈佛這類的大學，除了要傳授知識，更要以教育學生倫理觀和正直性為己任。」強調正直的重要性。我想這些人並不是因為不懂得這個世界的法則才會如此強調正直，應該說是正因為他們洞察到處世的法則，才會如此展現他們的赤誠。

不論是人生或是事業，向來都致力於實證且主張正直和道德觀是最高價值的喬‧亨士曼，在著作《贏家說真話》中也提到，他認為人類在本質上重視誠實勝過謊言。

以專門研究領導力聞名的詹姆士‧庫傑斯（James Kouzes）與培力‧帕斯諾（Barry Posner）二位教授投入 25 年以上的時間，以全世界超過 7 萬 5 千名的各領域領導人為對象，調查一個受尊敬的領導人所必備的特徵與品性，所得到的結論是「正直」，他們說：「正直才是良善品性的核心」。

美國的某研究機構以上班族為對象做了一項問卷調查，高達 85% 的受訪者最希望領導者具備「正直和倫理」。換言之，他們不願跟隨一個無法信賴的人。

不僅如此。據說美國的文化當中最侮辱人的字眼是「騙子」，以美國的 2 千位成功人士為對象進行的問卷結果也同樣顯示成功的最大要因是「正直」。

要介紹所有這類的研究結果真的會沒完沒了，所以不再贅述。我個人認為，美國的歷史雖然不算久遠，但卻能夠成為世界最強國，應該就是因為正直的文化和力量。倒不是說所有的美國人都很正直，而是唯有品性正直的人才能成為領導者。雖然不見得所有的國民都很正直，但是只選擇正直的人當領導者的模式確實是存在的。

不只是對國家而言，個人也是一樣的。成為「強者」的不二法門就是成為一個正直的人。正直的人不但沒有敵人，即便有敵人也可以無所畏懼。

英國諺語:「如果你只要一天的幸福,那就去理髮;如果想要一週的幸福,那就去結婚;如果想要一個月的幸福,那就去買一匹馬;想要一年的幸福就去買棟房子。不過,如果你想要的是一輩子的幸福,那就做個正直的人。」

在無止盡競爭的社會裡或許認為「正直的人絕對會吃虧、沒有競爭力、無能,而且不可能會出頭天。」但這只是一時的。最重要的是,唯有正直的人才會永遠受人尊重、具有無限發展性。不正直的人即便贏得一時,但絕對不會是永遠的勝利者。

正直是左右人格品格的根本要素。即便人格再怎麼良善,如果沒有正直為基礎,一切都是空談。「良善的人格」是以正直為前提,若想成為頂尖的 N 型人,就得先是一個正直的人。

聰明的人該引以為戒的事

說到「正直」,自然會聯想到「誠實」。

正直和誠實就像是銅板的兩個面。中國宋朝的政治家暨學者司馬光,有一天他的弟子劉安世提了一個問題。

「如果要在上萬個漢字當中選一個字當座右銘的話,您會選哪一個字呢?」

司馬光回答。

「如果要我選一個字，應該會選擇『誠』字。『誠』是言語的言加上達成的成。做到了就是『成』，換言之，沒有任何的欺瞞便是『誠』。」

　　許多人把誠實視爲做人處世的首要品德。創立三星集團的李秉喆會長說：「有時候『十個』不見得會比『一個』好，不見得一定要很多人才有用。你們要記得，一定要愼選誠實的人當員工。」哲學家愛默生也說：「沒有比誠實更誠懇的東西。」他告訴世人如果要成爲最後露出笑容的勝利者，一定要謹記堅守一顆誠實的心。

　　企業最要求的人才條件也是誠實，也是錄用人才時的首要條件。在此分享一個實際的例子。

　　平安北道鄭州的烏山學校附近住了一位很特別的青年。因爲家境貧寒所以到別人家裡當長工，但是他從來沒有因爲出身而感到悲觀或羞愧。

　　他反而比任何人都坦蕩且賣力的工作。除了主人交待的家事和田裡的工作之外，就連主人的便壺他每天也都會清洗乾淨。[05]

　　主人看著面對粗重工作都毫無怨言、老實做事的青年，越發覺得只讓他當長工很可惜，於是把青年送到學校讀書。後來，他到日本的明治大學進修，畢業後回到故鄉擔任烏山學校的教師，日後更成了一名獨立運動家，成爲民族的師表。這正是曹晚植老師的故事。

曹老師對想要問成功秘訣的學生們強調：「出社會以後，希望你們都能做個願意替人清洗便壺的人！」言下之意是教導他的學生即便處境再惡劣都不能氣餒，不管是不起眼的粗重工作，只要盡力去做就能夠成功。

根據性格的研究，發現誠實與成功、聰明之間有十分有趣的關係。先來看一下誠實與成功的相互關係。其實這二者之間的相互關係並不深。可能會有人對此感到疑惑，這豈不是前後不一致嗎？稍安勿躁。想要成功，除了誠實以外還有其他的要因，但重點是，誠實與成功之間的關係相當有「連貫性」。簡單的說，雖然並不是單靠誠實就能成功，但不論任何職業，誠實都確實是一個促進成功的要因。希望各位能夠理解這層含意。

接下來談到誠實和聰明的相互關係。這二者的關係是「輕微的反比」。意思是說，聰明者不夠誠實，不夠聰明者都太老實。因為聰明的人比較會動歪腦筋、耍小聰明，擅長不著痕跡地開溜。自認聰明的人一定要認真想想應該真正的做人處世之道。

總而言之，正直和誠實是人格的基本、成功的基礎。彼得‧杜拉克曾說：「有能力的人在工作的前 3 年或 5 年能有傑出的表現。但是，如果不夠誠實和正直，且品性扭曲的話，那麼傑出表現可能很難持續維持 10 年或是 20 年。從長遠觀點而言，以誠實和正直為基礎培養自身能力的人，受到公司

肯定、擔任重要職位的可能性比較高。」

　　人生是一場馬拉松，在高齡化的時代更是如此。想要從長跑中獲勝，需要紮實的基礎，而這個基礎便是正直與誠實。這是時代的核心價值，處世的正確基礎。讓自己成為一個正直又誠實的人，這是邁向 N 型人的第一步。

03

不能夠指名道姓真叫人鬱悶。不過，我相信你心中一定也有印象深刻的類似人物。大家會聯想到的人物也許都不太一樣吧。

04

迪斯雷利娶了比自己大 12 歲的女性當妻子，這種婚姻生活一定無趣嗎？他有沒有可能後悔了？其實他的妻子是出了名的賢內助。迪斯雷利說他一生中和妻子相處的時光是讓他覺得最幸福的事。他說：「在一起生活 30 年，從來不曾因為妻子而煩惱過。」他的妻子正是當年被錄用的那位正直的女傭。

05

現在可能沒有幾個人知道什麼是夜壺。六〇年代時期的人，洗手間不一定都會蓋在家中，為了半夜不用走到外面上廁所，於是會準備一個容器放在房間裡圖個方便，到了早上再把夜壺拿去清洗乾淨，是那個年代的人一天作息的開始。

12

職業道德與操守

最佳商務人格

「趙教授，我們想邀請您演講倫理經營方面的內容。」

最近這類的演講邀請突然變多了。為什麼呢？看看電視新聞，應該可以切身感受到社會現狀是怎麼一回事。多的是不可一世的大人物被司法機關傳喚、遭到搜查並且被限制出境。一切都是金錢惹的禍。明明犯了法卻還能臉不紅氣不喘地搬出法律條文大喊「我沒有違法」，包含那些厚顏無恥的人在內，登上新聞版面的不外乎都是一些作奸犯科的「賊」。總令人不自覺發出無奈的嘆息：「這些人為什麼要做這種事呢？」

非法，再也無處躲藏

根據 2013 年 12 月國際透明機構發表的「各國清廉印象指數」（Corruption Perceptions Index），韓國排在第 46 名（55 分），比起以往反而退步了。甚至輸給了總統有情婦的法國（第 23 名，71 分）。由此可見，儘管私底下有道德疑慮，但在公事上還是很嚴謹。反觀韓國又如何？反而是政府官員帶頭腐敗，高高在上的大官們也在挑戰營私舞弊的極限。

難怪連總統都說找不到適當的內閣人選。當然，這不代表所有人都是賊。有的人是不願意私生活被放大或不想被人肉搜索，也有的人是對於烏紗帽不屑一顧。

尤其是 2014 年 4 月 16 日，發生了悲慘的「世越號沉沒事件」，奪走數百條人命，給了韓國社會一個沉痛的警告。從事件發生直到後續處理，這段過程當中所呈現的醜態，將韓國社會不誠實的一面赤裸裸擺在世人眼前。

難道問題都在政治人物或是公務員身上嗎？雖然社會一片撻伐公務員的不正之風和腐敗，其實民間部門是五十步笑百步。只要能弄到錢就無所不用其極，說真的，真叫人替那些清廉又老實做事的人抱不平。

記得有一次三星的李建喆會長出現在螢光幕上高呼「剷除腐敗」。雖然主要是在譴責三星內部的歪風和紀律的鬆散，但應該不只是針對三星而已。我想，領導國際大企業的李會長其實是想要透過這樣的方式來突顯韓國嚴重的腐敗現象。

根據就業網站所做的調查，被問到「有沒有看過同事做出不正當的行為」，40.6%的受訪者回答「有」，針對「公司、同事、本人的清廉程度」的調查結果各別是 57 分、62 分和 79 分。問卷的內容上，工作怠慢或違背職業道德的情形居多。看到這裡，也許有人想抗辯：「既不是收受賄賂，也不是貪污，有時候難免需要這麼做。」我會大聲的回應說，正是這種人助長了倫理問題的衍生。「破窗效應」告訴我們，小小的裂痕可以造成整個組織的潰堤。當務之急是必須建立正確的職業道德。

　　道德不是來自於外部的強制力，而是良心，是根據個人的自發性意志與決斷所形成的。這是一種確實明白「我為什麼會在這裡」、「我在做什麼」的道德認知、信念。正因為欠缺道德認知與信念，就如同投資鬼才索羅斯（George Soros）在達沃斯論壇（Davos Forum，每年在瑞士達沃斯舉行的「世界經濟論壇」年度總會議）所發表的論點，凡事以金錢來衡量，因而成為金錢的奴隸，終將喪失道德觀。

　　必須要改變想法，重新確立心靈的基準。不久前，在地方選舉時看到一個有趣的競選口號：「非法，再也不能隱藏」，每次我看到時就會犯嘀咕：「騙人，是再也沒有地方可以躲藏才對吧。」說真的，如今確實是違法者無所遁形的時代。現在是網路媒體發達的社會，若說全體國民都是監督者其實也不算誇張。問題不在於有沒有地方可以躲。姑且不論你的不法行徑或非道德行為是否被揭穿，倘若不是憑著良

心腳踏實地的工作，就不可能一夜好眠。

有一次在講台上我是這麼說的。

「各位知道什麼是幸福嗎？幸福就是可以放鬆好好睡一覺。若想如此，就要確實做好道德管理。」

台下所有的聽眾都點頭如搗蒜。

現在正是人們必須重新建立道德和倫理的時候。這是強化個人競爭力的方法，保障能夠持續成長的方向。已經無法憑藉過去的基準求生存了，再也不能拿習慣為藉口來自我辯解。儘早脫胎換骨才是適應世界的方法。不是只有政府官員或公務員高層才需要這麼做，從新進員工到企業的經營者，所有人都需要自我檢視。

自己的心靈聽證會

有時候到企業演講，會遇到觀念不太正確的人，多半是新進員工或基層幹部。讓我覺得觀念不正確的原因是因為他們說的話。「要講倫理這種大道理，請你去跟管理層或是跟主管們說吧！」也許他們在心底想著：「你自己難道真的那麼有道德心嗎？」來反駁我演講的內容也說不定。

儘管如此，改變觀念是必須的。我們不能只看得見別人身上的污泥，對自己卻睜一隻眼閉一隻眼。不管別人是怎麼樣，我們都要冷靜反觀自己並且確實的改變。經營者的觀念需要改變，但是新進員工同樣也需要改變。

是否因為你握有其他職員的生死大權，所以有人想要請你吃飯？晚上是不是有人要請你喝一杯？週末是不是有人想約你打高爾夫球？你認為這種事算不上是招待，只是人際關係的禮貌？這是慣例、是當上司的樂趣？你認為這些行為不能跟違法亂紀或剽竊論文的行徑相提並論？

　　社會倫理、道德的巨大齒輪已經開始轉動，往後只會越來越向前進，勢必有無數人將會犧牲並且消失在這巨大的齒輪之下，然而這是無法回頭的趨勢，更是時代的精神。不論是公司還是個人，如果怠忽倫理，將會招致不可知的結局。如此一來，你所想的一切都將是空中樓閣、生活彷彿如坐針氈。這對職場生活無益，也不可能一輩子過這樣的日子。

　　具備職場道德與倫理，這是最理想的商務人格。即便有再好的性格，一旦腐敗就什麼都是空談。應該說，一旦腐敗就根本沒有資格談論人格或是性格。要時常反問自己：「為什麼今天我能坐到這個位置？」、「我自己夠不夠清廉？」，進行一次自己的心靈聽證會，好好地自我檢視。倘若做不到自我管理，你會看不到自己的未來。

　　企業實施倫理方面的員工職訓是好事，可是，我發現大部分都只是流於形式化。這樣的倫理教育也未免太馬虎了。充其量只是一堆冠冕堂皇的說詞罷了，通篇都是關於管理的內容，卻包裝成「倫理經營」的企業官網不計其數，這種情形本身就是不道德的。我認為，真正需要的是那些經營者展現他們的熱忱信念。這算是我的明知故問？也許是吧。

13

人格革命

信 念 與 意 志 的 實 踐

　　爲了成爲 N 型人所需要的準備功夫太多了，因爲良善的
人格不是取決於一、二個簡單的要素。不過，如果能夠好好
應用到目前爲止談到的部分，加以自我訓練，不僅職場生活，
做人處世方面應該也會變得更有意思。接下來，要探討如何
達成人格革命，也就是實際執行的問題。

　　容我再次強調，人格不是與生俱來的本性或性格，而是
信念和意志。我認爲一個人的爲人是關乎態度和實踐，而不
是品性。這就是心理學者與潛能開發專家之間的差異，理論
邏輯出發點也有所不同。

　　有個年約 50 多歲的朋友，是個品性很好的人，爲人相
當紳士，認識他的人都很喜歡他。不過，我在執筆這本書的
時候，有一次跟他喝酒談心，從他酒後眞言當中發現了一些

有趣的地方。

他說：「我不是一個品性好的人，我的脾氣很差。我其實見不得人好，如果朋友有值得慶祝的事，我雖然嘴上說恭喜，但實際上我很不屑，我會非常忌妒對方。另外，我是個一意孤行的人，時常看不起別人。

我追求完美、有潔癖，如果我覺得對方不怎麼樣，會打從心底輕視人家。所以，其實在交朋友方面我很挑剔、吹毛求疵，所以人際關係很狹隘。我腦筋動得快、馬上就知道該怎麼接話，表演能力也很強，所以講出心口不一的話是我的拿手絕活，能夠編出天衣無縫的謊話。

學生時期，父親遭詐騙，我們家差一點家破人亡，從那時候起我變得不太信任別人，態度很消極，想法也很悲觀。再加上個性很急，連我自己都覺得太過神經質。年輕時也常跟人起肢體衝突。

還好，我還算是有個優點，那就是不管做什麼事情我都會盡力去完成，並且滿懷熱忱。說實話，這才是我真正的個性，是我的本性。」說到這裡，他嚥了一下口水平復情緒，然後繼續接著說下去。

一切唯心造？一切唯行造！

「可是，不知道從什麼時候開始，上了年紀後我開始會督促自己了。我刻意不照自己的本性行事。當我又想要輕視

別人的時候，我會在心底訓誡自己：『不可以瞧不起別人』。遇到蠻不講理的客戶而火冒三丈時，我會先深呼吸 15 秒，這是我從某本書裡看來的方法。以前我總是先發脾氣，然後再後悔，現在我從自己的行為得到了教訓。不認識我的人都以為我是個貫徹服務精神、為人親切的人。

另外，我雖然不喜歡與人打交道，但是一旦與對方認識，我就會把對方視為朋友，並希望朋友開心，我會試著互相幫忙且付出關心，我總會想起人際關係的黃金法則，『give and take』。談話中每當那個喜歡加油添醋、用詞誇張的本性又蠢蠢欲動時，我會立刻提醒自己，說話要真誠、不浮誇。不僅如此，假如遇到不如意，我也會努力地往正面的方向去思考。

在遭逢逆境，忍不住產生負面思考的時候，我會趕快讓自己保持正面的想法。自從看過某本書裡寫道：『對厭惡的人說我愛你』這個方法，我有一次真的對著空氣、心裡想著那個讓我覺得厭惡的人說：『我愛你』。走在路上，視若無睹地快步經過乞討的人面前時，也會驚覺自己應該要停下來，然後走回去把一張紙鈔放在那個人的手上。若說『視若無睹』是我的本性，那麼驅使我轉身走回去的就是我自己的意志。」

這是真人真事。現在，我來問問各位。他究竟是良善的人，還是惡質的人呢？是否如他自己所言，他是一個人格極差、脾氣糟糕的人？不禁叫人深思，心理學家或性格學家們

所說的人格究竟是什麼。儘管專家們認爲那是一種「內在」，但我認爲表現於外在的才是那個人的人格、性格。

這本書的主要目的正是這一點。姑且不論內在的品性如何，能否成爲 N 型人，取決於表現於外的言行。如果能夠表裡如一，那是再好不過的了。

再次強調，只要能夠改善自身的言行也可以成爲 N 型人格。關於這一點，心理學家威廉‧詹姆士說：「一個人會笑不是因爲幸福，而是因爲幸福才會笑。」他在 1890 年出版的《心理學的原理》一書中提到：「你希望自己是何種性格的人，那就像那種性格的人一樣行動。」也就是「一切唯行造」而非「一切唯心造」。換言之，一切視個人的行爲而定。

從威廉‧詹姆士這個結論中，我們不妨把「情感」換成「人格」來思考，很適合用來作爲 N 型人的基本邏輯。威廉‧詹姆士的主張到了七〇年代由心理學家彼得‧萊溫松（Peter Lewinsohn）以「行爲活化」（Behavioural Activation）訓練法得以具體化。比方說，如果你的目標是變成一個誠實的人，那就把構成「誠實」的要素或是行爲製作成一份目錄然後去實踐。如此一來，最後你就能變成一個誠實的人。即便不是天生如此，我們還是能夠讓自己脫胎換骨。

領導力專家約翰‧C‧馬克斯韋爾也是一位特別強調人格品性的專家，他教導人們要更用心在品性的培養上多過在乎成功，如果不好好培養品性，我們就無法在人生任何一個領域獲得成功。他認爲一個人的成長水準取決於品性，他把

這個概念稱為品性階梯（The Ladder of Character）。為了讓自己具備好的品性，在數十年期間他不停努力實踐品性階梯，首先第一步是，努力充實內在而不只是注重外在；第二是遵守黃金法則、主動關懷他人，第三是保持熱忱，第四是要謙遜。而品性階梯的最後一階是重點，也就是實行，必須要持續修持自身的品性，並且努力保有高尚的品格。

除了第一個踏板之外，其他的都跟與生俱來的品性無關，行為和態度才是重點。由此可以看出，馬克斯韋爾與威廉·詹姆士的論點一脈相通。

先改變你的行為

喬治·華盛頓（George Washington）是展現出經過努力磨練而造就人格的代表性人物之一。歷史學家把他和林肯並列為美國歷代最傑出的總統。從他在「總統」這個權位的做人處世就可以略知他的人品。

1789 年美國史上首次實施總統大選，華盛頓眾望所歸的當選總統。在沒有競選者的情況下連任兩屆的他，雖然被懇求希望他能夠終身留任總統職位，他卻斷然拒絕並卸任。之後毫不留戀地回到自家所在地的維農山莊。他的「卸任演說」至今還深深烙印在美國人的心中，成為不朽的歷史。

「不可製造黨派之爭，不要有派系之鬥。在所有的公事

上，要把道德和善念擺在前面。」

　　2 年後，他以 67 歲的年紀與世長辭。起草美國獨立宣言的理查德‧亨利‧李（Richard Henry Lee）在葬禮中以「戰爭第一人，和平第一人，國人心中第一人」（First in war, first in peace, and first in the hearts of his countrymen）來稱頌他。

　　其實，華盛頓的童年十分坎坷。身為二房之子的他，幾乎沒受過正規學校教育，都是由父親和大哥教他讀書寫字，10 歲以後每天都忙於菸草栽培、家畜飼養及擔任測量師的助手等，在繁忙工作中渡過慘淡的童年。儘管如此，他卻以明確的判斷力和出色的領導力，以及從小鍛鍊的人品發揮領導能力克服各種惡劣條件，成功爭取美國獨立，成為名留青史的第一任美國總統。

　　說這麼多關於華盛頓的事蹟是有原因的，可不是要各位也去當總統，這是件苦差事，不忍心讓各位那麼辛苦。主要是希望各位也能夠了解，不曾受過正規教育的他，是如何成為一個重視道德觀和善念、擁有高尚人品的人。

　　從小就夢想著有一天能出人頭地的華盛頓，有次偶然讀到一本名為《*The Rules of Civility and Decent Behavior in Company and Conversation*》的書之後，把書中 110 個法則抄寫在小手冊上，不僅牢記在心裡，更加以落實並生活化。而後的成果，我想就不須贅述了。他是人品出色的一國之首，

成為美國的國父且受到後世的愛戴。

在他過世之後，後人在整理遺物時發現了一個小手冊。那是華盛頓在生前相當重視的手冊，所以大家都很好奇裡面到底都記錄了些什麼。會不會是記載著政治人物、高層掌權者收受的「黑金」紀錄或是在招待所喝花酒的明細？當然不是。手冊上記載的是他用來自我修練言行的110個實行項目。其實都是再普通不過的內容，比方像是，一切行為都要以尊重對方為前提、不可刁難他人、不要辱罵他人、說話要條理分明等等，都是一些高尚人格的人會遵守的基本守則。

以結果而論，一個人的為人或人格即便不是與生俱來，仍然可以藉由自身的信念與意志來修練言行導向理想狀態。正因為如此，我們可以相信人格改變的可能性。

儘管彼得・杜拉克或是卜廉・李等這些專家都認為「誠實是學不來的」、「人不可能變好」，我們可以把他們的話換個角度來想，並非不可能，而是要找到對的方法。換言之，不要在試過無用的方法之後「認命的活著」，而是要付出洗心革面的努力。

人們總是稍不留意就容易放棄改變，安於天生的本性，這樣的話，人跟動物又有何分別。當我們戰勝自身的性格與本性、積極改變人生的時候，才不失一個人類的本份。譬如，一個天生品性不好的人，倘若消極以對、不思改變，人生就不會有希望，他的未來也可想而知。我們之所以會欣賞能夠積極自我管理且付諸實行的人，主要是因為，這種人懂得視

人生的目標隨時調整自己，努力的生活。

　　我們必須主動引導自己去做改變。雖然周遭人的協助或刺激也是不可少的，但重要的還是需要傾聽內心的聲音，並且自我反省進而改變。「你可以把馬兒牽到河邊，但你無法強迫馬兒喝水」正好適用這個道理。喝水，一定要是自己願意才行，因此才會有所謂的自我領導、自我革新等的說法。

　　事實上，人格優良的人和一般人之間並沒有太大的差異。因此，只需要再多一點留意、再努力一下，便足以克服缺點並加以改善。

N-TYPE PROJECT
Chapter Five

第五章

N 型 作 戰
N 型 人 的 養 成

N

相對於要求員工成為 N 型人，
公司應該要養成有助於 N 型人茁壯的文化，
營造出開朗正向的氣氛。

挑選員工的時候為何視人格為最高標準？因為一個正直且值得信賴的人才會對公司有更大的貢獻。先不論工作能力，這樣的人能夠深受客戶的喜愛、與上司或是同僚之間保持良好關係。也或許是因為人格良善的人至少不會造成公司致命的損害。

那麼，一個人格良善的人在言行及態度上有什麼樣的特性？如同前文所述，我們探討了個人要如何才能成為一個人格良善的人。如果真的改不了內在人格，起碼也要努力去實踐那些顯露出良善人格的外在言行，這就是成為 N 型人的不二法門。

相對於個人為了成為 N 型人的努力，以公司立場來說，任用、培育 N 型人也一樣重要。表面上說偏好正直、誠實的人，但如果組織內部風氣鄙夷這類人，那麼也只是空口說白話。此外，即便是任用了人格良善的人，但假使公司未能給予員工持續保持良善人格的教育和訓練，很可能碰上「現實」就會退步。不僅如此。假使一家公司的作風是無視於員工的不滿，只一味要求業績的話，即便是開朗、充滿活力的人，也會慢慢變成沉悶畏縮的人。因此，相對於要求員工成為 N 型人，公司同樣也必須成為「N 型公司」才行。「N 型公司」是什麼樣的公司？從「N 型人」的定義推敲一下就知道了。也就是說，要試著成為有利於 N 型人茁壯的良好文化、氣氛開明的一家公司。

如何成為 N 型公司？方法和要領很多。接下來的將著眼於公司或是領導者，傳授培育 N 型人必須了解的重點項目。

01

領導者的品性

身 陷 錯 覺 是 個 人 自 由 ？

「趙博士，演講開始之前，董事長大概會有 20 分鐘的發言時間。我們非常希望您也能夠一起參與。」

　　某公司的教育訓練負責人這麼對我說，讓我有些錯愕。受邀演講時，通常會在演講開始前，該公司的最高主管會先簡單進行開場白，這種時候還是得勉爲其難地和員工們一起聽這一席話。但是，過去不曾有公司像這次一樣要求外部講師一定要跟著聽董事長的訓示。

　　礙於負責人的懇求（我想，也許他很擔心，若被我拒絕的話，會被責怪辦事不力），我只好坐在講台上聽他們董事長的訓示。然而，這番「訓示」讓我有很深的感觸。

　　因爲那不是在訓示，根本是在教訓員工。從頭到尾，他不斷提及業績的負成長來責備員工。而且，如果看到哪個特

別引他注意的員工，就立刻手指著那個人並大聲斥責。

「喂，那個誰！有沒有注意聽我說話？不准閉上眼睛！」

「你們這是什麼態度啊？」

這景象簡直是讓我啞口無言。有外人在的場合也毫不避諱地對著員工大吼「喂」、「那個誰」、「你」的這種態度，可想而知這位董事長平常對待員工的態度。等到董事長的訓斥和嘮叨結束，換我上台開始演講，從台上看見員工們個個表情慘淡，一臉憤憤不平。我想，多少也帶著被外人看見難堪場面的心情。這種氣氛之下，演講是不可能順利進行的。不管是我還是台下員工們，大家的表情都很沉重。結果，這天的演講也只能草草結束，但我倒是得到一個很好的經驗。

「這家公司一定撐不久。」

演講結束之後，我在回程路上腦中閃過這個念頭。所謂見微知著，領導者對待員工的態度是如此，公司不可能有開朗的工作氣氛，又怎麼能期待能有好業績、期待員工做事賣力和有所展望。這種公司也想要 N 型人的員工？這是不可能的事。即便是錄用了 N 型人的員工，像這種公司最終還是會關門大吉。

你正身陷嚴重的錯覺當中

其實，這種領導者比我們想像中的多。也許這種領導者或主管會覺得自己是例外，他們認為那是一種管理組織的控

制力或領導能力。那位董事長想必也認為自己是具備過人控制力的領導者。

其實也不能一味批評這位董事長和公司。根據一份以韓國上班族為對象所做的調查，針對「你認為所屬的公司夠民主嗎？」，結果所呈現的「人權管理」現象可說是相當負面。回答「非常不民主」的占50%，「有暴力傾向」占46.6%，「老闆就是CEO」占48.7%，「男女差別待遇」占48.5%等等，負面情形相當嚴重。

但是，領導者本身卻看不清事實。根據奇普·希斯（Chip Heath）與丹·希斯（Dan Heath）的研究指出，高中生認為自己的領導能力在平均水準以下的人不超過2%。有25%的成人認為自己的人際能力極佳，大學教授當中約有94%的人認為自己拿出了水準以上的研究成果。希斯兄弟把這種現象稱為「積極的錯覺」（Positive illusion）。

除此之外，幾乎所有的人都認為自己擁有平均水準以上的幽默感，其中更包括不愛笑的人在內。這不是有幽默感而是可笑。更可笑的是，他們無視於事實，認為自己對自身的評價比旁人正確。現實情況就是如此，要求這些人導正自己的錯誤是絕不可能的事。

韓國也不例外。根據韓國人類發展學會研究小組以中年上班族為對象所做的調查，有75%的人「認為自己的想法很年輕且思想開放」，有84.7%的人回答「有個討人厭的主管」，而認為「自己不是討人厭上司」的人有76.7%，他們

都身陷嚴重的自滿和不切實際的樂觀主義當中。雖說「身陷錯覺是個人的自由」，但因而妨礙自身與公司的革新，這才真正令人憂心。

一如人有人格，公司也有「公司格」（我自己獨創的說法），一般被稱為企業文化或風氣。不良的企業文化自然也難有良善人才。天生人格良善的人在這種文化裡過不了多久就會挫敗。

簡單的說，一個原本是笑口常開的人，一旦進了這種公司，也會變得充滿不耐和不滿等表現出不良人格的型態。

因此，如果希望員工展現出開朗的良善人格，就不該只是巴望員工個人的薄弱力量，公司要主動營造那樣的氛圍、那樣的文化。重要的是公司領導人要站出來積極鼓舞組織的士氣。藉由這樣的方式，讓原本人格有所缺陷的人也被公司的風氣和文化、開朗氛圍所感染，無形之中也展現出開朗的品性、良善的人格。

塑造 N 型人的領導力是與眾不同的

足球教練常會出現一種名為「喬治・貝斯特症候群」（George Best Syndrome）的心理現象，認為只有自己才能馴服得了冥頑難對付的球員。這個名詞來自於 2005 年過世的曼聯足球隊「惡童」喬治・貝斯特。一如他的名字，貝斯特是一個傳奇性人物。

被派遣到北愛爾蘭貝爾法斯特的曼聯球探鮑勃‧畢肖普（Bob Bishop）在貝斯特 15 歲時發掘他，貝斯特在足球方面的天賦讓畢肖普眼睛一亮，立刻向球隊主教練馬特‧巴斯比（Sir. Matt Busby）報告「發現了天才」。貝斯特是頂尖的球員，1963 年便以 17 歲的年紀正式加入曼聯，直到 1974 年為止，他在 474 場比賽中共踢進 181 球。

1968 年的曼聯歐洲杯比賽中，因為助球隊獲勝有功而獲頒金球獎（歐洲最優秀球員獎）。不過，他那自由奔放的性格也完全不輸超群的球技，被冠上惡童的綽號。加入曼聯球隊的他，因為無法適應而苦於思鄉病，經常無故脫隊回到貝法斯特，更沉溺於酒色之間。

只有一個人能夠治得了這個惡童，就是教練巴斯比。貝斯特只願意聽從巴斯比的話，而「喬治‧貝斯特症候群」即源自於此。1969 年巴斯比過世之後，貝斯特從此沉淪於酒精，隨後突然宣布退出球壇，也曾經發生酒後駕車和對警員施暴等負面新聞。引退後他變得更加狂妄，最後年僅 59 歲便與世長辭。

話說回來，巴斯比教練是如何駕馭這位惡童的呢？方法是「尊重」，說是給予「肯定」也無妨。當貝斯特沉迷於酒色而徬徨時，巴斯比教練並沒有斥責他，當貝斯特沒有聽從他的指示而勉強進攻時，他也只是以「貝斯特大概是戴了耳塞」的玩笑話幽默帶過。甚至在貝斯特苦於思鄉病時，每到週末教練就買張回貝法斯特的機票給他。有個教練如此，哪

個惡童會不順從這樣的老闆？

　　把惡童駕馭得服服貼貼的另一個例子，是 2013 年引退的世界知名教練亞歷克斯・佛格森（Sir. Alex Ferguson）。同樣是曼聯球隊的教練，他以多元化的領導力擄獲球員們的心。法國出身的球員埃里克・坎通納曾對謾罵自己的觀眾暴力相向而遭到禁賽 8 個月的處分，成為英國媒體的話題人物，佛格森教練反而包庇他。被喻為是「最佳主將」的羅伊・基恩，因個性激進，經常在賽中被請出場，1999 年與兵工場球會的 FA 杯準決賽中，基恩又被請出場而差一點毀了比賽。但是佛格森教練以一句「在我過去 16 年職業球員生涯裡也被判出場 16 次」為他辯護。魯尼和羅納度曾經也數度因為喝酒和女人而惹麻煩，但是他們卻對佛格森教練是絕對的服從，並且在比賽中展現了頂尖的球技。佛格森總是在他們遭遇困難的時候給予支持及肯定，所以他們是「佛格森的孩子們」、「佛格森的信徒」。

　　男人會為願意肯定自己的人付出一切，相信女性也是一樣的。這就是人格良善的領導者的領導力，一種連惡童都可以改造成「良善人格」的領導力。

受到肯定，你會變得不一樣

　　關於尊重、認同，以下跟各位分享一個我自己親眼目睹的真人真事。

有一個30多歲的女性銀行員，不知為何她總是面無表情，一點也不親切，可想而知她完全不受客戶的歡迎。這也就罷了，與分行長熟識的客戶當中甚至有人建議把她調派到其他分行。原因是因為她而導致客戶逐漸流失，而且銀行的氣氛總是死氣沉沉。

　　與她一起共事過的分行長都因為她而傷腦筋。可能有人會想，大不了趕快把她調到別的分行或是乾脆把她資遣掉不就行了，只是，各位有所不知。她家是地方望族，分行長投鼠忌器。因此歷任分行長都不敢貿然的採取措施，他們只求卸任之前「不要有什麼大錯」只敢在背後敢怒不敢言。

　　就這樣一天天的過去，情況越來越糟糕。就連年輕女行員們也開始冷落她這個前輩，結果她被孤立了起來。或許獨來獨往對她來說反而自在，因為她對任何事情都表現得很不耐煩。她在所有人眼中是個不定時炸彈般可怕，深怕一個不小心就爆發，因此大家小心翼翼、戒慎恐懼地勉強維持平靜。

　　直到有一天，來了一位新的分行長。這位分行長事先就知道她是個令人頭痛的人物，前分行長們早就耳提面命過了。個性果斷且能力出色而受到公司肯定的分行長，究竟會如何帶領她呢？會果斷的辭退她嗎？先說結論，新分行長到任2個月後，那位女行員完全變成了另外一個人。那是非常驚人的變化，因為我自己也親自確認過所以可以作證。

　　過去向來面無表情，甚而好像永遠都在生氣的她，居然臉上掛著笑容，原本目中無人的她變得會主動打招呼，總在

背地裡抱怨和不滿的她，開始爲分行的事首當其衝。不但會主動爲銀行的存款或是積極跑客戶，還會鼓勵後進。所有人都感到不可思議，因爲實在是太戲劇化了。就像是脫胎換骨似的。

我不清楚新來的分行長是不是施了什麼魔法。沒有人知道爲什麼她會突然決定讓自己蛻變，箇中原因只有她自己最清楚。

不過，分行長告訴我的原委大概是這樣。他到任之後原本考慮過要辭退她。而且，當時分行長覺得要在趁彼此還不熟的時候先給她來場下馬威。幾番考量之後，分行長決定轉換自己的想法，把之前聽到關於那位女行員的事情先擺在一邊，放下成見以嶄新的方式去認識她。分行長想著：「我先釋出善意，先肯定她的資深經驗，然後找個適合她的角色讓她去發揮。我要找出她值得稱讚的優點，然後多跟她聊一聊。如果這麼做之後，她還是沒有改變，到時再做適當的處置也不遲。」分行長決定先這樣試一試，然後開始付諸實行。對那位女行員來說，算是終於遇到對的主管了。

這位分行長的一席話中包含了領導力的眞諦。學生時代你可能也見過以欺負人爲樂、到處惹麻煩，幾經迂迴曲折後改過向善，不但當上班長，後來還成爲模範生的這種同學。因爲班導師的認同並且交付以能夠以身作則的角色，於是問題學生才得以蛻變。讓追隨者願意服從進而改變的力量與智慧，這才是領導力不是嗎？在那之後女行員當上了主管，在

工作上比之前更賣力。

　　這就是重點。身為一個領導者的管理作風會左右組織的表現，成員也會因而改變。從這個實例看來，世上似乎沒有人是一開始就是人格好或不好。當然，不能否認也有人是天生的惡質。

　　公司裡同樣也難免會有「惡童」類型的人，重點在於領導者是否有能力把這樣的人變成 N 型人。但願所有的領導者都能成為像巴斯比或佛格森那樣的領導者，成為「量產」N 型人的「馴獸師」。

02

自制與自律

讓 員 工 當 主 人

　　有一個著名的心理實驗，內容是請養老院的老人們種花草，並且分為兩組，一組是讓他們自己種植花草，另一組則是指派一名員工幫忙種植花草的工作。實驗經過 6 個月後，結果相當的懸殊。第一組的成員中有 15% 的人死亡，而第二組的成員則是有 30% 的人死亡。兩組的差別只在於一組有幫手而另一組沒有而已，老人的死亡率卻是倍數的高。很驚人吧？

　　心理學家們得到的結論是「主導權」。相較於自行掌控一切事宜的老人們，受他人控制的老人們相對的失去了活力。喪失主導權的老人們有較多人死亡，諸如此類研究主導權對人的影響力的實例並不少。

　　接下來要看的是一般職場的例子。2010 年在美國俄亥俄

州的一家製造廠進行一項研究，將規模較小的作業安排和作業環境等交由現場工人全權負責，請他們親自設計自己的工作服並且告知可以自行調整工作時間。除此之外一切照舊，作業流程或是薪資條件都沒有更動。過了 2 個月後檢視，這家工廠的生產率提高了 20%，工人方面也都幾乎不曾出錯或是發生任何的事故。分析其原因同樣也是「主導權」。只不過是讓員工意識到可以全權負責並且擁有決定權，他們對於工作的熱忱和專注力以及意志力就大為提升。

讓員工當主人

不論是誰都喜歡掌控自己的工作和生活，沒有人喜歡在別人的指使和控制之下生活。如果真有這樣的人，那人不是精神異常就是奴隸。人會因為行使主導權而感受到滿足，而不是因其結果。根據研究者的說法，一旦喪失主導權，人會感到不幸而乏力，認為失去了希望而鬱鬱寡歡。甚至於，可能會基於這個原因而死亡。

既然對於主導權的自我意識是如此的重要且能提升行事效率，那麼公司應該要積極檢討是否必須賦予員工這樣的主導權，並且大膽賦予自主性來給予員工更大的決定權。如此，從業人員才會有強烈的自尊心，進而發揮最大的才智和創造力，把被交付的任務執行到最好。

組織成員是否有主見很重要。只不過，很多企業和領導

者都僅止於口頭鼓勵。光是這樣就會有主見了嗎？只有給予如同主控者一樣的權限且賦予自主性的時候才有可能。

被喻爲「服務業代名詞」的麗思卡爾頓酒店（The Ritz Carlton Hotel），曾經是賈伯斯在建立蘋果服務體系時用來仿效的對象。Apple store 所有的職員直到現在仍然定期接受麗思卡爾頓的「服務黃金標準」（Gold standard）中的「三階段服務」教育，並且加以落實。Apple store 工程師親自接洽顧客的窗口「Genius bar」也是從麗思卡爾頓的顧客一對一服務綜合服務台得來的靈感。

1988 年設立的「美國國家品質獎」（Malcolm Baldrige National Quality Award）是美國商務部頒發給最優秀的商品生產、服務企業的獎項，直到目前爲止，麗思卡爾頓是唯一得過兩次獎的服務業者。你也許會質疑：才得獎兩次？但這是每隔 7 年才頒發一次的獎項，由此可見麗思卡爾頓的服務水準之高。

麗思卡爾頓在服務競爭激烈的酒店業能夠獨佔鰲頭的秘訣是什麼？想必有各種因素，不過，有人分析主要是讓從業人員擁有主導權並委以像主導者一樣權限的方式奏效。

16 歲開始擔任酒店行李員、飯店資歷長達 47 年，爲麗思卡爾頓設立「服務黃金標準」的賀夫‧哈姆爾（Herve Humler）總裁說：「員工應該是主人而不是僕人，賦予他們權限是最重要的。」他賦予每個員工 2 千美金的額度可以爲顧客提供最高服務。擁有自主權及決定權的員工不再是僕

人，而是主人。因此，在麗思卡爾頓酒店不會有服務員對你說：「這不是我負責的」、「我先問一下負責人」之類的話。即使是向行李員抱怨冷氣問題，他也會立刻對你說：「很抱歉，我會立刻為您處理。」

哈姆爾說：「所有職員回應顧客的話一律都是『很抱歉，我會立刻為您處理』。在現場他們都是主人、總裁和CEO。」。

說到麗思卡爾頓的服務標準，有一個人立刻浮現我的腦海。那就是經常以顧客滿意及服務管理類的著作和演講活躍於媒體的維吉妮亞·阿茲埃拉（Virginia Azuela）。典型N型人的她出身菲律賓，1974年當時27歲的她成為美國移民。她的學歷只到高中畢業，離鄉背井到了異地很難找到工作。她在美國的第一份工作是假日酒店的清掃員，從此她便以飯店清掃員為業。之後她又輾轉到其他幾家飯店當清掃員，在1991年4月她進入剛開幕不久的麗思卡爾頓工作。

原本與一般的清掃員一樣再平凡不過的她，進入麗思卡爾頓之後成了「國際知名」的清掃員。她把所學習到的「全面質量管理」（Total Quality Management, TQM）當中的品質管理應用在自己的工作上。

全面質量管理的教育內容是為了提供顧客最高品質服務的一連串全面性努力。自始至終她都不認為自己的工作是任何人都做得來的雜活。

「客人對飯店是否滿意，大部分是取決於客房服務。所

以，客房服務是決定飯店形象的重要工作。尤其是客房的清潔和整理，不同於其他的服務，並不需要面對客人，所以更必須細心和努力，並付出像家人一樣的關懷。」

聽到她這一番話，有誰想得到講這句話的人竟然只是一個清掃員，她甚至已經強過某些 CEO 了。大家都認為她是促成麗思卡爾頓酒店贏得 1992 年「美國國家品質獎」的決定性人物。

之後，她獲得了表揚優秀飯店職員的五星獎（Five Star Award）。此外，國際評論家湯姆·彼得斯認為她是最典型的知識份子之一。

過去在其他飯店未能嶄露頭角的阿茲埃拉，為何能在麗思卡爾頓成為「英雄」？關於這一點，從麗思卡爾頓讓員工主導行事的方針和工作環境中可以找到原因。

換言之，造就 N 型人需要情況和環境作後盾，企業的領導者都應該要把這句話牢記在心底。

專注於你能控制的範疇

有人可能會這麼說：「在公司裡都是主管交待什麼就做什麼，哪輪得到我來主導的權限和領域啊！」真的是這樣嗎？所有的事情端看你怎麼想。難道因為公司不肯下放權限，我們就要一味要求權限、整天不停抱怨嗎？當然不是。如果公司不願意下放權限，我們也不該抱怨工作環境，而是

要改變自己、讓自己的行為成為他人的典範、自動自發，如此才會發現你能夠掌控的領域。

關鍵就在於自我控制，能夠管理、駕馭自己。自我控制又分為可控制與不可控制兩種類別，因為世上有所謂「能夠改變的領域」和「無法改變的領域」，

然而一味執著於「無法改變的領域」，只會累積壓力和憤憤不平。舉個例子，員工不可能改變公司的情況與環境，但只要你下定決心改變自己，就沒有人能夠阻擾你。因此，如果真的渴望改變，那就先從自己能夠控制的領域開始做起才會得心應手。然後，你才有可能進而謀求情況與環境的變化。我們把這個道理代入阿茲埃拉的例子來看看。

其他的清潔員同事們都在抱怨公司的全面品質管理教育：「客房清理不過就是打雜的工作嘛，跟我們講什麼顧客滿意和品質管理啊！」其他人都是這種負面反應，要不然根本不當一回事。事實上，全面品質管理或員工可以自主運用 2 千美金都不是個人能夠控制的領域。但是，就算不滿意這種制度，問題也得不到解決。阿茲埃拉卻全心全意地專注於自己能夠控制的部分，因此她看待事情的角度就跟其他人不一樣。意識會改變，行為也會有所不同。這樣的她在工作上就能充滿創意，並且主導自己的工作。

當她清掃客房的時候，總是想著如何才能夠讓顧客更滿意。她在裝滿清掃工具的手推車上掛了一個小手冊，裡頭一目了然地仔細記載了客人的姓名、習慣以及需求，視內容來

提供客房服務。她在工作時發現顧客可能會基於一個小小的客房服務而對飯店感到不滿，相反的，也會因為一個小小的貼心服務而深受感動的這個事實。

有些人習慣用很多毛巾、有些人要求把用品的位置放在特定位置、有些人喜歡看特定某幾家報紙等等，她會根據顧客的喜好與特性提供最好的服務。此外，遇到顧客的時候她都能叫得出對方的名字，這讓顧客很感動。不僅如此，為了提高清掃作業的效率，她試著改良鋪床單的方法及清理浴室的方法，比如說她發現在鋪床的時候先把洗好的床單翻摺起來能夠提高作業速度。在自己可以主控的領域，她確實成為了一個厲害的 CEO。

一個人只要能夠發揮自身的控制力，就會樂於投入自身的工作中，自然也會產生有創意的想法。而且會帶給他人一種「主動努力工作的人」的印象，最終這樣的印象會變成旁人心目中「品性好的人」，也就等同於 N 型人。

總而言之，公司和領導者必須要思考的是，如何才能夠讓員工發揮他們的主導能力。給予員工尊重之餘，更要賦予權限，使員工以公司主導者的角度思考並且付諸行動。這就是成為 N 型公司、造就 N 型人的捷徑。

03

讓員工真心感到滿足

以 員 工 為 優 先

公司若希望員工都能成爲 N 型人，就要主動營造出那樣的工作氣氛。倘若表面僞裝出充滿熱忱、樂於關懷他人、親切的良善人格，這樣的人容易自我消耗精力，且對一切存疑，最後可能會自動離開職場。或許這樣的人，才是最爲眞實且眞誠的人。套句亞當‧格蘭特（Adam M. Grant）的說法，N 型人是眞心關懷他人並樂於付出的人。

一個眞正樂於付出的人，會以他人利益爲優先，所以往往容易過於自我犧牲而耗盡自身能量。一旦能量耗盡，當然也就不可能持續努力工作。

這樣一來，工作的質與量會跟著急遽下降。不僅如此，也會賠上生理、心理上的健康。罹患憂鬱症、慢性疲勞、免疫力下降、酗酒及心臟疾病的危險性比一般人還要高。

真心為員工設想

　　員工需要的並不是口頭上的鼓勵，當然也不是一味的下放權限就能解決所有問題。如果希望員工能夠找回活力且更賣力工作，公司需要的是更為多元的方案以及特別的對策。必須要賦予他們願意工作的動機以及某種犒賞。有時候讓他們明確了解到工作所具備的意義也會有很大的幫助。

　　通常，懂得這一點的公司會策畫讓職員直接體驗自家商品效果的活動，像是醫療器材業者美敦力（Medtronic）就是很好的例子之一。美敦力每年會舉辦盛大的派對，藉此提高員工的士氣。但這麼做雖然能夠提高士氣，效果可能僅止於一時。美敦力公司的派對值得關注的地方是他們也會邀請患者，並且請他們分享美敦力的產品為他們的人生帶來的改變。藉由這樣的安排，讓員工們打從心底有所領悟，了解到自己所做的事情是多麼有價值和重要。據說，有些職員在聽了患者的分享之後，甚至流下感動的淚水。透過這種方式讓員工重新振作，並且更加賣力的工作。

　　透過這些真人真事讓我們了解到，什麼樣的做法才是公司真正關懷員工的體現。可別以為主管們偶爾一、二次帶員工去喝酒、大喊「加油！」之後，員工士氣就會振作。真心為員工設想之餘，重要的是拿出具體且實效性的對策。

　　幾乎所有的企業都在倡導「顧客滿意」的重要性。然而若真心想要做到這一點，其實有個前提。那就是先讓員工打

從心底感到滿意。從這樣的角度而言，諾德斯特龍百貨公司的政策就很值得效法。諾德斯特龍百貨公司是總公司位於美國華盛頓的一家高級時裝零售商。[01]

而這家百貨公司的名氣來自於卓越的服務與顧客滿意度管理。有許多讓人嘖嘖稱奇的事蹟，例如：購買服裝的客人不小心把機票遺留在賣場就離開前往機場，店員於是火速搭計程車把機票拿到機場還給客人；有客人在找一件折扣商品卻沒有合適的尺寸，於是店員到其他百貨公司以原價買來再以自家的折扣價賣給客人等等。世上竟然有這種事！他們怎麼能夠做到這些事？難道是員工當中有很多不得了的 N 型人嗎？其實主要是因為有一套運作機制能夠展現出 N 型人的行為與服務。

諾德斯特龍的服務大致上有三個特徵性的要素，而得以塑造出 N 型人。我一再強調，N 型人的特性是能夠透過言行表現出來的。

第一個要素是，在錄用員工的時候就要謹慎挑選。以下是諾德斯特龍百貨公司的徵人啟示。

徵才啟示

「諾德斯特龍百貨公司」徵求分店工作夥伴！

- 銷售人員，以及照顧他們的人。

- 領導人才，以及願意跟隨的人才。

- 對自身工作充滿自信並且努力工作的人。

- 重視自己、樂於將歡樂帶給別人的人。
- 正直、勤勉、樂於關懷他人的奉獻型的人。
- 心中有願景並且為了成就願景而活下去的人。

　　請仔細看看徵人啟示的內容。是不是和一般公司徵才廣告上常用的「國際型人才」、「創意型人才」、「具備進取心、擁有夢想與才華的人」等等冗長又抽象的內容很不一樣呢？一看就很清楚要負責的工作以及責任是什麼，相對的，會來應徵的人勢必也是有信心符合這些條件的人。

　　第二個要素是，前面在討論麗思卡爾頓酒店時提到的主導權。同樣的，諾德斯特龍也都會下放權限給員工行使主導權。也就是說，員工能夠以良知及服務精神為基準自己做決定。看到這裡，各位應該了解到，為何員工可以自己搭計程車追到機場把機票拿給客人，或是把其他百貨公司買來的原價商品以自家的折扣優惠價賣給客人。以別家百貨公司望塵莫及的水準將顧客服務標準化，賦予職員可以自行判斷、做出最佳決定的權力。在諾德斯特龍發給新進人員的員工手冊《Nordstrom's Employee Handbook》當中有一條這樣的規定：「請在所有情況下使用最優判斷。再無其他規則。」

　　如今隨著諾德斯特龍經營方式的「進化」，據說現在提供的手冊記載著更為詳細的規定和法律規範事項，然而諾德斯特龍的經典精神——工作人員擁有以客為尊並能自行做出最佳判斷的裁量權（主導權），這樣的精神卻始終如一。

讓服務人員滿意——以員工的利益為優先

接下來，是第三個要素，也是本章節所要探討的核心。一如第二個要素所提到的，盡全力提供顧客最佳服務之餘，同時還要讓服務人員本身感到滿意，而給予主導權正是方法之一，然而諾德斯特龍的服務人員滿意度更是在水準之上。

「在讓顧客滿意之前，先追求內部顧客（服務人員）的滿意。」這是諾德斯特龍的顧客滿意論之基礎。以「顧客滿意度」為重的企業，是否真正有致力於達到服務人員的滿意度、是否真的在具體執行相關措施、抑或只是空喊著華而不實的口號？這是企業要深深反省的問題。

而諾德斯特龍的角度與眾不同，在這個部分特別優秀。「以服務人員的滿意度為優先」是他們的經營方針。

為了能夠提供給顧客最好的服務，管理層和幹部們都給予服務人員最好的照顧。他們把自己的職員視為另一種顧客，非常令人感動。真的很棒，不是嗎？

據說就連交待工作的時候，也會注意到不要造成員工的不愉快。因為認為員工要先受到公司的照顧，進而體悟到服務的真意，而後才能打從心底去服務顧客。社長甚至會親自訪談想要離職的資深員工，問明決定離開的原因。這是因為高層必須要了解職員的不滿，才會知道該如何滿足從業人員。諾德斯特龍的方針可說是已達到「管理哲學」的境界。即便是原本人格並不出色的人，在這樣的公司待久了也很難

不慢慢改變成 N 型人。

　　儘管如此，我們也用不著羨慕諾德斯特龍是多麼棒的一家公司。雖然給予員工主導權並真心提供服務，但也不可能放任員工為所欲為。相對於訴求從業人員的滿意度，另一方面除了各分店、各個賣場、個人部分都要接受定期的教育訓練之外，也會祭出豐厚的獎賞，試圖誘導業績和服務品質上激烈的競爭。畢竟世界上不會有給你豐厚的薪水卻任你玩的公司。

1901 年從約翰‧諾德斯特龍（John W. Nordstrom）與卡爾‧沃林（Carl F. Wallin）共同創立名為「Wallin & Nordstrom」的鞋店起家。諾德斯特龍在 16 歲時移民美國，而合夥人沃林是鞋子修理店的老闆。「諾德斯特龍」這個商號啟用於 1930 年。

04

N 型文化

讓 員 工 感 到 幸 福 的 管 理 方 式

格里芬醫院（Griffin hospital）位於美國康乃狄克州的小鎮上，是一間只有 160 個病床的小醫院（不確定現在有沒有增加）。相較於大型綜合醫院，只能算是「小規模」。不過可不能小看了這間醫院，該院設立於 1909 年，具有 100 年以上的歷史，並且屢屢登上《財富》（*Fortune*）雜誌票選的「最想去上班的企業」之一。即便年薪比其他醫院少了 5%左右，該院的從業人員卻個個自信十足。

這間醫院之所以出名，是因為他們有一套病人和家庭為中心的護理服務（Patient and Family Centered Care, PFCC）。醫療服務品質可說是無人能比。該院曾獲得全美只有 1% 的醫院得過的最高品質獎項，以優越的醫療服務品質著稱。但是，請仔細想一想。

只因為醫療服務最好就能成為「最想去上班的企業」嗎？這並沒有直接的關連。為了提供頂尖的服務，工作人員就得忙到連喘息的空檔都沒有，照理來說，工作人員會有諸多的不滿。

然而這間醫院卻做到了讓「提供頂尖醫療服務」與「最想去上班的企業」兩者之間畫上等號。職員都因為能夠在這裡工作而感到幸福。為什麼？因為醫院秉持「職員幸福，患者才會幸福」的信念，以職員的幸福為優先，實施這樣的管理策略。年薪比別家醫院低卻還是感到幸福？沒錯。幸福不是不是看年薪的多寡。除了金錢之外，有很多方法可以讓職員感到幸福且樂於工作。不過，該怎麼做要先看你自己公司的條件和文化。最近流行的「歡樂管理」（Fun Management）就是方法之一。

歡樂管理，要用對方法

很多人都誤解了歡樂管理的概念，以為是領導者要帶頭吆喝大家一起嬉鬧、耍幽默或以唱歌跳舞來娛樂職員。當然也少不了這種要素，但是，歡樂管理最終訴求的是「使員工感到幸福」的經營管理方式，提振員工的正向情緒，使他們能夠以開朗、愉快的心情工作。這是一種提供有趣、快樂與開心的工作環境，使職員自發性的參與和奉獻、誘發創造力的管理方式。

當公司的氣氛是「歡樂」的，員工也會感染到這股氛圍，如此一來就會笑口常開、活力充沛、充滿爽朗的氣息，隨之引發正向情緒。當正向情緒受到強化，隨著多巴胺的分泌，腦內的正向資訊處理系統會靈活運作，進而能夠讓大腦變得生性開朗、容易感受幸福。也就是說，有助於成為Ｎ型人。

為了好好摸索歡樂管理的效果，需要先回想一件事情。記得前面提過Ｎ型人有什麼樣的特性嗎？在探討Ｎ型人的條件時曾經提到，第一個條件是正向態度，第二是開朗。想起來了嗎？還有其他的條件，不過，這二個代表性的特質和歡樂管理比較有關係。

如果希望員工發揮正向態度和開朗特質，那麼公司就要有相應的措施。即需要能夠使人抱持正向態度的氣氛、散發開朗氣息的風氣和公司文化，總要有個場地才能讓人盡情地發揮所長，激起員工的正向情緒，使他們感到開心、愉快並且樂在其中的方法之一便是歡樂管理。

因此管理層或領導者，應該要視情況去企劃各種策略，實行符合公司條件的歡樂管理。有一點要留意的是，不要以為歡樂管理就一定要有趣或是胡鬧嬉笑。只要是能夠讓員工感到幸福且樂於工作，這就是廣義的歡樂管理。看看以下的例子。

有一次我到一個朋友經營的顧問公司拜訪。當我打開辦公室的門走進去，緊緊抓住我視線的是員工名牌上面的職稱，每一個人的職稱都是「Pro」開頭。當時閃過我腦海的是，

韓國數一數二的廣告公司「第一企劃」早在幾年前就將全體員工的職稱一律冠上「Pro」開頭，讓我感到很新奇。[02]

只是換個稱呼就能讓公司的成員開心工作，而且不用花半毛錢。連稱呼也用心考量的組織文化、爲提振員工的士氣而費盡心思，這才是重點。「不過是換個職稱而已，有什麼大不了的？根本是在作秀。」千萬別這麼想。因爲員工會感受到公司的誠意。美國的貨運公司 PIE 就是最好的例子。PIE 因爲違背運送契約，導致每年虧損 25 萬美金，他們向美國知名的統計學家暨作家的愛德華茲・戴明（Edwards Deming）博士尋求諮詢。調查結果發現有 56% 的失誤是因爲裝運工人沒有確實做好裝箱作業所導致的問題。

這就表示裝運工人缺乏了身爲員工的基本態度，戴明認爲這就是造成問題的起因，而改變工人的觀念是最好的解決策略。對策是什麼呢？換掉原先的稱呼。從原本的「工人」或「貨車司機」的稱呼改爲「工匠」。剛開始大家都面有難色，以爲是公司在消遣他們，不過是改個稱呼，能有什麼樣的改變。然而過沒多久，竟然有了令人意想不到的變化。工人們真的開始認爲自己是專業的工匠，不到 1 個月的時間，原本高達 56% 的配送失誤率降到 10%。因爲小小的一個稱呼，卻轉變了他們的自我觀念。

爲什麼一個稱呼能夠讓人改變？被稱呼的人會在不知不覺間想要表現出名符其實的行爲。如果你常常罵小孩「笨蛋」，時間一久小孩真的會變得越來越笨。稱呼能夠左右整

體性。而且，連小小的稱呼都如此費心，領導者的這番用心以及塑造出職場的風氣更為重要。致力於讓職員樂在工作的這種用心，不是很棒嗎？

動點腦筋吧，方法多的是

CESCO 是一家專門清除家庭環境害蟲的公司，而這家公司對於某個顧客在官網留言版上提出的荒唐問題所作的答覆，使 CESCO 一炮而紅。管理官網是一件極度無趣的工作，因為每天都要重複應付大同小異的問題。不過，儘管無法控制顧客的提問，卻可以自由掌控回答的內容。該公司的研發人員認為既然要回覆就該加一點創意讓內容有趣一點，於是決定回覆顧客一個誠實又幽默的答覆。所答覆的內容成了大家口中的「CESCO 幽默」，在網路上掀起熱烈討論之餘，也意外造成了宣傳效果。以下是所摘錄的內容。

網友提問：我是蟑螂大王。我的眾多部下都被你給殺了，我要跟你單挑。我命令你立刻到我們的噹噠啦蟑螂星球來！

版主回覆：親愛的蟑螂大王！我們的 CESCO Men 今天早上已經出動。但是，不小心迷路跑到尼納諾星球去了，現在正要經過烏啦拉星球前往噹噠啦星球，麻煩您再耐心等候。

另外，有某位網友在官網上詢問樂透彩的中獎號碼，CESCO 是這麼回答的。

「我知道的號碼就只有這一個。1588-1119（CESCO 公司的電話）」。

　　用這種方式來答覆客服問題，負責人員就會變得很期待有沒有人來提問。問題越荒唐，可能會更覺得有趣，而不是看到有人提問就覺得不耐煩。

　　「最近你請員工吃過幾次飯？切記。對領導者而言，最重要的是做部屬的東道主。」這是湯姆‧彼得斯說的話。這句話真的很有意思。身為一個名人果然就是不一樣，假使這句話是我說的，可能會被人駁斥為「低劣的見解」。

　　領導者請部屬吃飯會有什麼樣的結果呢？上下容易達成共識、一團和氣，氣氛愉快又幸福。

　　經營者或領導者無論如何都要動點腦筋來打造 N 型組織，請客或唱歌跳舞可能都是方法。給予主導權或是換掉稱呼也都是值得一試的方法。重要的是，如何才能讓員工樂在工作、感受幸福。透過這些方法讓員工保有正向態度、開朗又愉快，這就是值得員工賣力的公司、也就是 N 型公司。在 N 型公司上班的員工成為 N 型人是理所當然的結果。

02

有些公司會打破上下關係，主要目的是為了建立平行的組織文化，例如：刪去既有的職銜，一律在姓名後面以「先生」來稱呼，不過這跟前面的例子意思完全不一樣，很可能因此而破壞了位階的秩序。職稱可以改變，但上下關係是不容被破壞的。一個組織的上下關係一旦被打亂，那會是什麼樣的後果？就真的是「一團糟」了。

05

情緒勞務

N 型 人 格 就 是 解 答

在 2013 年 12 月，我透過韓國金融新聞的專欄提出了一個方案，內容是「現在起顧客也要親切地對待服務人員」。由我擔任會長的「韓國講師協會」則是舉辦新年活動，公開推動「成為親切的顧客」，我建議的實踐方法是「謝、對、辛、微」，是指顧客也要將「謝謝」、「對不起」、「辛苦了」以及「微笑」生活化的意思。不過，意外地沒能得到太多的呼應，看來還需要努力很久。

為什麼我要提議這樣的活動呢？因為我相信如此才能夠讓韓國的親切文化與顧客滿意管理更上一層樓。而且，我覺得從事服務業的人也未免太可憐了。韓國消費者向來是要求多、期待高又眼高於頂，使得服務業承受許多的壓力。

有時候會有那種蠻不講理的人，仗著顧客之名，自以為

是「大王」般的為所欲為。講話不客氣還算是小事，語言暴力甚至是性騷擾的人更是不計其數。

而這種情況似乎是越來越變本加厲。惡質顧客越是大搖大擺行事，應對顧客的服務業者就越苦於極度的壓力。除了會罹患憂鬱症、幻聽等精神疾病之外，甚者更可能會有自殺的危險性。只要是上班族，誰都有可能直接或間接的面臨到這樣的問題，實在非常令人擔憂。

雖然情況如此，以企業的立場也不能無視於「顧客與服務」的課題。於是有許多企業在高喊服務革新與顧客滿意的同時，也加強對員工的教育及訓練。動員各種理論與技法，不過，所有對策的終極目標卻是出乎意料的單純。也就是為了把「D型人」變成「N型人」而付出努力。D型人？這又是什麼意思？

當我生病時，會固定去某一間醫院看病。不是大型醫院也不是私人診所，那是一間中小型醫院。每次去到那家醫院，我都會興致高昂地注意一件事情，那裡的二位櫃檯小姐的工作態度完全相反。坐在櫃檯左邊的小姐總是面無表情，態度很冷漠，面對顧客（那家醫院把患者和家屬稱作「顧客」）時幾乎沒有笑容。雖然面容姣好，只可惜好像永遠戴著一副冷冰冰的面具。一個人會表現出那樣的表情，可以說意味著心性也死了。她偶爾也會笑一下，但通常是在跟醫院同事聊天的時候。

相反的，坐在右邊位子的小姐卻是完全相反。從長相就

跟另一位小姐差很多，雖然稱不上是美人，然而她的臉上總是掛著笑容，和顧客對話的時候也都是爽朗、愉快的態度。像左邊那位面無表情又不夠親切的小姐，我稱之爲「D型人」（Dead）。不用多說，右邊的小姐當然是 N 型人了。

把服務態度訓練從 D 變成 N

換言之，關於服務態度的教育和訓練，最終是要把「D型人」改造成「N型人」。或許有人會認爲我把服務或顧客滿意想得太單純了。然而，這就是事實。

你可以親自觀察和確認一下。請你試著以觀衆或是顧客的立場，注意看一下服務人員應對顧客的情況。我想，你會同意我的說法。

客服其實並不是像大家所想的那麼不得了的事情，顧客的期待出乎意料的簡單。身爲顧客除了希望服務機制的革新之外，期待的是站在自己面前應對和提供服務的服務人員有個親切的態度。比起公司高喊讓顧客滿意的「方針」，現場服務人員親切的應對和細心的關懷才是更爲迫切的東西。在服務現場，顧客會期待的就只是以下這些事情。

顧客的 10 種期待

1. 能夠迅速解決自己的問題。

2. 以親切的微笑讓他們覺得自在。

3. 語氣友善、親切的對待他們。

4. 在說明和介紹時多一點友善的態度。

5. 即便是顧客不對，也希望服務人員能夠耐心對應。

6. 以真誠、包容的態度，用心聽顧客的需求。

7. 主動打招呼，以及表現禮貌的態度。

8. 不管再怎麼忙都希望服務人員能夠給予多一點關心，細心關懷需求。

9. 即便只是透過電話，希望服務人員也能夠以像面對面的親切態度來提供諮詢。

10 希望服務人員能夠更有活力、開朗。

　　你是不是也有同感呢？比起公司的服務機制或是程序，顧客更在意自己面前的應對者的服務。很多研究服務的學者當中，有許多重視服務策略或是程序的人。深信改革程序是贏得顧客滿意之捷徑的人，多半是以卡爾‧阿爾布雷希特（Karl Albrecht）的論點為依據。因為阿爾布雷希特說過：「親切態度的教育或笑容訓練是顧客滿意管理的陷阱，是造成顧客滿意管理失敗的原因。」當然，我們不能否認，顧客滿意或服務戰略的背後是以程序的改革為前提。在顧客滿意管理上，程序的改革比任何事都要重要。但是，必須要警惕的是，不能因為強調程序而過於低估笑容、打招呼、友善這類態度上的服務。比起程序，態度上的服務可能是更重要的。

根據金載一教授等人的共同研究《服務產業的現況與服務品質》發現，韓國的服務業情況有幾點有趣的地方，比起最新的設施，顧客更重視服務人員的禮節（親切、舉止）。影響顧客滿意度的變數順序當中，「服務人員的禮貌」佔第一位。也許各位會感到很意外，但這就是事實。

　　先做個結論。除了服務策略或程序以外，要怎麼做才能讓顧客滿意？需要的正是展現 N 型人的態度。應該要把服務人員的教育、訓練的重點放在 N 型人的養成。在服務和顧客滿意的管理上，N 型人就是解決之道。

06

教育和訓練

時 而 溫 和 ， 時 而 強 硬

　　最後，關於 N 型人的養成，公司要做的是教育和訓練。下放主導權給員工是好的，讓他們能夠樂在工作是必須的，運用歡樂管理讓員工幸福也很好。但同時也不能忽略了 N 型人必須具備的人格需要透過教育和訓練的。

　　也許每家公司在教育和訓練上已經做過各種努力，可能做過領導者的教育和 CS 訓練。但是，從現在起需要的是人格方面的教育和訓練。至於要用什麼樣的方法，每家公司可能都要視情況而定，所以必定有所不同。

　　幾乎所有的公司和組織都是以顧客為對象、提供服務，所以必須要強化有關人格方面的教育和訓練。

　　我並不是要鞭策或訓斥已經疲於應付服務教育和訓練的員工。反而，與之相反。現在起應該要試著理解員工的心情、

提高士氣，讓他們自發性的露出笑容並展現親切的態度。

關懷疲於情緒勞務的工作人員

　　現今許多的職員都因為情緒勞務而深受挫折。我們的顧客是何等人也？有人說：「如果能夠滿足韓國的消費者就能行遍天下」，但是這個句子背後真正的意思是「韓國的顧客是全世界最難侍候的人物」。不僅是出了名的脾氣粗暴，有時候服務人員還要忍受惡質顧客幾近犯罪程度的惡劣刁難。

　　根據韓國勞動研究院發表的「服務產業的情緒勞務研究」，結果令人驚愕。2012 年 7 ～ 8 月期間，以客服人員為對象所做的調查，客服人員平均遇過 1.13 次的性騷擾、2.72 次的言語暴力及被辱罵。被顧客踐踏人格的經驗是 3.65 次，遇到提出無理要求的顧客是 3.93 次。

　　某家銀行行員的經驗談更是荒唐。一個中年男子客戶要求發給 10 萬元的現金支票，於是行員向男子說明「因為您不是本行 VIP 顧客，每張支票將收取 50 元的手續費用」。

　　男子立刻勃然大怒的說：「我的頭銜可是大學教授，難道沒資格受到 VIP 待遇嗎？」，說完從口袋拿出所有的銅板開始朝行員的額頭一個一個扔過去。做出這種誇張行徑，野蠻程度簡直是可以放上國際新聞了。

　　想必今天也有許多上班族戰戰兢兢的堅守崗位。期盼公司領導人及幹部們都要將基層員工這種不得不展現開朗笑容

與行動的立場，當成自己的問題，並以同理心去理解。[03]

不僅如此，站在公司的立場，保護員工不受情緒負作用影響，並且給予溫暖的呵護，這是理所當然的事。而且，要相信越是受到公司親切關照的職員，自發性控制自身的意志力就越強大。

像這樣設身處地理解員工的難處並且給予保護與包容，也要持之以恆地藉由教育和訓練，致力於 N 型人的養成。

查爾斯・杜希格的著作《為什麼我們這樣生活，那樣工作？》裡有個標題是「麥當勞的麻煩員工成為星巴克的優秀員工」，內容主要是敘述工作時碰到不客氣的客人就控制不住情緒、動不動就遲到或請假的麥當勞員工崔維斯，在換到星巴克工作之後成為優秀員工的故事。還真羨慕別人可以把這種事不假修飾的寫成一本書。換作是韓國的風土民情，杜希格很可能會被「人肉搜索」而受批判。

是什麼改變了一個麻煩人物變成優秀的員工？沒別的，正是星巴克的員工教育、訓練機制。從這個故事可以了解到適切的教育、訓練能夠改變一個人。崔維斯坦言，星巴克用的方法就是培養員工的自制力、意志力與自尊心。

服務人員的態度之所以會不夠堅定，很多時候是因為缺乏自制力。面對蠻橫的顧客時，才會忍不住顯露出自身的情緒。上班族之所以遭遇不順心也是自制力的問題，遲到或與顧客發生爭執，最終也仍是自制力的問題。欠缺自制力的人，容易突然辭職離開公司。這是每一家公司都會發生的事。

星巴克的管理層正是注意到自制力的重要性。在一般情況下，沒有自制力並不會造成多大的狀況，但在特殊情況下，一旦受到壓力或是面對決定性的事件，可能會瞬間爆發且失去自制力。如果碰到顧客惡言相向，平常冷靜的人也會失去平常心。有時候，甚至於會爆發出來。星巴克在這個部分具體的實施教育、訓練，使員工在這種時刻能夠發揮自制力。

比方說，在遇到顧客生氣吼叫的時候，容易因而失去自制力，星巴克的教育能使員工在此種狀況下讓自制力自動運作。其中代表性的方法是名為「LATTE 法則」的角色模擬培訓法（以咖啡的名字命名公司的守則實在有創意。美國人在這方面似乎很有天分）。也就是，傾聽顧客的需求（Listen）、認同顧客的不滿（Acknowledge）、積極處理問題（Take action）、感謝顧客（Thank）、親切地說明（Explain），就是這套法則的主要內容。而且，他們要求員工在工作手冊寫下遭遇特殊狀況與決定性的瞬間時，如何依據法則採取措施的個人想法，直到習慣化為止要持續進行角色模擬。員工要反覆練習，直到面對狀況時能夠自動發揮自制力。透過這種方式學會在特殊時刻輕易發揮自制力，麻煩人物崔維斯也因此能夠脫胎換骨成為一名優秀的員工。

此外，星巴克以提高員工自尊心的方式，促使他們發揮自制力。如同麗思卡爾頓酒店和諾德斯特龍百貨公司那樣，讓員工掌控主導權。也就是讓員工自行作主如何處理狀況，像是操作濃縮咖啡機和收銀機、商品陳列等，鼓勵員工在服

務方面發揮自己的創意。

活用「假定法則」與角色模擬培訓法

在此必須更深入了解什麼是「角色模擬培訓法」，以便探討性格的改造。角色模擬培訓法是常用於員工教育訓練的技法。只是，我不確定企業是否了解這套技法的理論性根據。

角色模擬培訓法的理論基礎，要追溯到在前文數度提及的心理學之父威廉·詹姆士的心理學理論。而角色模擬培訓法就是將他的心理主張導入教育訓練。

李察·韋斯曼把威廉·詹姆士的理論命名為「假定法則」（As If principle），他在著作《Rip it up》當中綜合性的探討假定法則，處處可見詳盡的說明。扮演假設性的角色，到最後自己的性格與行為會變得跟角色一樣，而且改變的效果會持續很久，這就是角色模擬培訓法的理論基礎。

如同公司透過角色模擬培訓技法改變員工，員工也能利用這個技法改變自己、麻煩人物也可以變成 N 型人才。如果能夠有公司的教育、訓練並行，當然必定會更有效果。

美國的心理學家喬治·凱利（George Kelly）以威廉·詹姆士的理論為依據，將角色模擬培訓技法積極導入於改造性格與整體革新手段。凱利透過廣泛的臨床經驗，了解到人類的性格並非固定不變，就像演員長期扮演各種角色一樣，一生中會不斷換上各種身分的外衣。這裡的問題核心是關注

自己的角度，並且藉由與他人比較來建立嶄新的整體性。

　　所謂新的整體性，也許是完全顛覆自身性格的革新，也可能只是改變幾個不起眼的小地方。決定好自己想要追求的整體性（新的自我）之後，試著想像日常生活中應該如何行動，然後透過角色模擬培訓技法強化嶄新的行為模式。

　　根據喬治・凱利的論點，大約持續 2 週之後，就會忘記自己是在演戲，而習慣新的整體性。換言之，新的自我形象會佔據原本整體性的一部分。不論是培育 N 型人還是想要自我改變成為 N 型人，此一理論性的主張是非常重要的。

　　問題是公司是否有心培育員工成為 N 型人，更重要的是自己本身是否想要成為 N 型人。「個性即是八字」，不管是八字還是命運端看你的選擇。選擇，將經由實踐成為事實。

③

最近，常可看見對於在公眾場合或是職場做出性騷擾和言語暴力者，將採取司法手段的消息，真是大快人心。保護員工進而謀求「員工滿意度」，是追求更好的「顧客滿意度」所必要的作法。

真正善良的人
做 個 剛 強 的 人

　　隨著時間、隨著世界的變遷，人格的問題勢必只會更多、更嚴重。各位知道現在國、高中生的煩惱嗎？那就是校園暴力和「排擠」問題。這是連小學生都受到影響的令人擔憂的現象。不管是加害者還是被害者，在這種環境下成長的青少年，將來都會踏入職場成為上班族。而這樣的上班族會是如何？我想不需要贅述，看看你的公司裡年輕的新進職員就能明白了。能力比別人好又如何？如果欠缺了良善的人格，對周遭的人來說，這種人只能算是「災難」。看看最近的新聞報導，那些犯下智慧型犯罪的人，可都是相當厲害的能者，

他們厲害的「頭腦」實在令人佩服。

曾經出人頭地或成功過的人，所犯下的案件規模越大。因此，不論是個人還是公司或是學校都應該重視人格，而且有必要積極的採取措施。

在本書裡有幾句話重複出現過幾次。「只有在面臨困境的時候，才能顯現出一個人的為人」、「人格不是本性，而是關乎於信念與意志」、「轉換想法」。另外，像是有關服務人員的例子也時常出現。因為，之所以一再強調這些事情，跟寫這本書的動機有所關連。

職場生活是一連串的考驗。從一早搭乘擁擠的地鐵去上班、與上司或部屬、同事之間的關係，工作的難度、因為與顧客之間的糾葛而免不了產生情緒問題等等。在這種棘手情況下，一個人真正的為人就會如實的展現出來。因此，我才會決定以安妮作為人格典範，她是克服各種艱難考驗、進而展現人格光輝的人物。

我特別以安妮當作人格典範而不是直接談論「人格論」，並且想出「N型人」這個新詞，主要是覺得往後遇到與「人格」相關的問題時，應該要有一個明確的目標形象作為參考。她在艱難的逆境下展現出光明人格。我想，正因為她是虛構人物，作者才能夠加入自身的想像，塑造出這個完美典範。

因此，希望各位不論是在人際關係、工作方面，在遇到辛苦的狀況時，能夠想想安妮、想一想「N型人」的特質。「如果是安妮遇到這種問題，她會怎麼做？」、「N型人會怎麼

處理呢?」像這樣問問自己也不錯。我相信,這麼做有助於你修得自制力。

書中提到,關於人格的可否改造的說法眾說紛云。假使真如性格學家們所說,人格是不可改造的,那麼自身的人格與現實不符的人就只能絕望了。然而事實上,我們在評斷某人的人格時,並非基於這個人的「內在」。人格既複雜又微妙,在不同情況下可能會做出不同的反應。真的有人能夠確實的對你做出人格的評價嗎?大家都是憑藉某人表現在外的言行,評價這個人的「好」、「不好」。也就是說,你可以經由改變言行來讓自己改變,這就是改變人格的實際作法。正因為如此,才會說人格關乎於信念和意志。

開發人格便是最好的自我開發

每個人多多少少都有優點及缺點,公司也是一樣。沒有一家公司是只有不良人格的人,但是也不可能所有員工都是高尚人格。但是若有少數不良的人,則會毀了公司氣氛。從人格的角度來看,「小缺點」或是「稍微不良的人」才是問題,這就是「破窗法則」。

因此,不論是個人還是公司,都應該要嚴謹地找出人格裡的「破窗」,並果斷做出必要措施。公司也要強化對員工的人格教育。自我開發的第一步就是開發人格、在實施客服教育之前先做品格訓練、想要國際型人才之前先塑造N型人。

這是能夠在產業競爭當中戰勝的最好對策。

不過，主張「不要當好人」的人出乎意料的多。最近，連家長也都加入行列。然而他們的心思並不難明白，他們認為這種人是「傻瓜」。也就是說，人們似乎都認為「正直善良的人等於傻瓜」。對他們而言，善良等同於無能。

這是錯誤的想法。正直善良不代表是傻瓜、無能，這才是最好的本事、最棒的能力、最強的實力。正直善良並不是心腸軟，而是內心充滿著愛，不是「因為自己覺得好就是好」，而是明確分辨好與壞。因此，正直善良是一種剛強的力量。並非是強硬的對待他人，而是對自己強硬。

但願各位都能夠成為一個善於自我控制的剛強者。換言之，就是以堅決的信念與意志修練自身言行的那種剛強的人。希望各位都能藉由這麼做而贏得「正直善良」的讚美，成為人們眼中典型的 N 型人吧！

觀成長 003

為什麼N型人比較容易成功？
成為未來型人才的31堂課，讓你職場出人頭地、人生無往不利的最強軟實力！

作　　者——趙寬一
譯　　者——徐若英
美術設計——李思瑤
內頁設計——黃庭祥
主　　編——林憶純
責任編輯——林謹瓊
行銷企劃——塗幸儀
董 事 長
總 經 理 ——趙政岷
第五編輯部總監——梁芳春
出 版 者 ——時報文化出版企業股份有限公司
　　　　　　10803台北市和平西路三段240號7樓
　　　　　　發行專線／（02）2306-6842
　　　　　　讀者服務專線／0800-231-705、（02）2304-7103
　　　　　　讀者服務傳真／（02）2304-6858
　　　　　　郵撥／1934-4724時報文化出版公司
　　　　　　信箱／台北郵政79～99信箱
時報悅讀網——www.readingtimes.com.tw
電子郵件信箱——history@readingtimes.com.tw
法律顧問——理律法律事務所 陳長文律師、李念祖律師
印　　刷——勁達印刷有限公司
初版一刷——2015年9月
定　　價——新台幣280元

國家圖書館出版品預行編目資料

為什麼 N 型人比較容易成功 / 趙寬一著；徐若英譯 . -- 初版 . -- 臺北
市：時報文化, 2015.09
　　224 面；　公分 . -- (觀成長；3)
　ISBN 978-957-13-6373-8(平裝)

1. 成功法 2. 生活指導

177.2　　　　104015963